故事之光

从创意到创造
——超级IP指南

故事之于人类
像火光

THE LIGHT OF STORY

周弘璟 著

中国出版集团公司
华文出版社

图书在版编目（CIP）数据

故事之光：从创意到创造：超级IP指南 / 周弘璟著. —— 北京：华文出版社，2019.5

ISBN 978-7-5075-5095-5

Ⅰ．①故… Ⅱ．①周… Ⅲ．①文化产业－研究－中国 Ⅳ．①G124

中国版本图书馆CIP数据核字（2019）第063978号

故事之光
GUSHIZHIGUANG

作　　者：	周弘璟
选题策划：	成佳蓉
责任编辑：	杨艳丽　王晓冰
出版发行：	华文出版社
地　　址：	北京市西城区广外大街305号8区2号楼
邮政编码：	100055
网　　址：	http://www.hwcbs.com.cn
电　　话：	总编室 010-58336210　编辑部 010-58336191
	发行部 010-58336253　58336202
经　　销：	新华书店
印　　刷：	三河市祥宏印务有限公司
开　　本：	880×1230　1/32
印　　张：	7
字　　数：	180千字
版　　次：	2019年5月第1版
印　　次：	2019年5月第1次印刷
标准书号：	ISBN 978-7-5075-5095-5
定　　价：	49.80元

版权所有，侵权必究

目　录

前　言 ··· 1
一、故事的意义 ··· 1
　　好的故事能够影响人生 ······························· 2
　　故事有巨大的经济价值 ······························· 3
　　故事原理能够提供多方面指导 ······················ 7

二、故事构成要素 ·· 11
　　Part1——方法论框架 ································· 17
　　　1. 主题 ··· 17
　　　2. 人物 ··· 21
　　　3. 情节 ··· 51
　　Part2——感性判断 ···································· 79
　　　1. 故事魅力 ··· 79
　　　2. 用户兴趣 ··· 85

三、什么是好故事？ ·· 93

四、2018年优质影视剧案例分析 ………………… 99
　《香蜜沉沉烬如霜》——出彩的人物塑造 ………… 102
　《沙海》——持续高能的剧情设置 ………………… 118
　《惹上冷殿下》——持续吸引受众观看的上瘾体验 … 130

五、当下常见故事题材介绍 …………………………… 141
　言情 ……………………………………………… 142
　权谋 ……………………………………………… 142
　武侠 ……………………………………………… 143
　奇幻 ……………………………………………… 144
　悬疑 ……………………………………………… 145
　历史 ……………………………………………… 146
　社会 ……………………………………………… 147
　人物传记 ………………………………………… 147
　科幻 ……………………………………………… 148
　军事战争 ………………………………………… 149
　职场 ……………………………………………… 149
　喜剧 ……………………………………………… 150

六、当下常见故事误区分析 …………………………… 153
　叙事视角与目标用户存在偏差 ………………… 154
　主次不分 ………………………………………… 155
　逻辑脱离现实 …………………………………… 156
　无效对白过多 …………………………………… 156
　戏剧冲突不足 …………………………………… 157

人物塑造失败 ················· 157

七、互联网思维对故事的借鉴 ··········· 159
　　故事创作 ··················· 160
　　粉丝运营 ··················· 182
　　作者晋升 ··················· 188

八、故事的发展与变迁：人性未变人心在变，代际变化中
如何挖掘新的好故事类型 ············ 199
　　变化的驱动力 ················· 200
　　不变的价值观与诉求 ·············· 201
　　正在迭代的需求 ················ 205

后记　创作对社会以及大众有意义的故事 ······ 210
参考书目 ······················ 212

前　言

人只能活一世，只能选择一种生活，但是故事，或长或短，或悲或喜，会带来另一种生活体验。可能是我们从未选择过的道路，也可能是我们从来不敢想的生活，或者是我们不曾了解却让我们有所触动的人，抑或是我们从未考虑到的恶果。站在上帝或魔鬼的角度，我们看尽世间美妙绝伦的风景，到过最黑暗绝望的角落，接触过世界上最快乐、最痛苦、最乐观、最彷徨的心灵。这些体验，都要靠好的故事来记录。有了好故事就如有了陪伴，在历史长河中，在芸芸众生里，我们不再孤独前行。在故事里，天方夜谭变为可触摸的现实，生活不再是日复一日的单调，所有的一切都变为非凡的经历。

故事创作是神圣的，因而每年都有无数天才不计回报地投入该行业。市面上也已经有无数的作品教人如何写一个故事大纲，如何把情节填入网格，如何做一些润色，但学会这些并不能让人创作出优秀的故事。事实上，没有任何方法论能把创作者送上流芳百世的神坛。笔者认为，只有首先了解故事之于人们的核心价值、故事运行的基本规律、故事打动人心的原理，再辅以经典故事案例，从受众的反馈中吸取经验和教训，同时在互联网世界的背景中，主动同步工作方式以适应变化，才能成就精彩的作品。本书的内容将会围绕上述几点展开。在本书撰写的过程中，笔者收到很多业界朋友的建议，希望能对细分领域做出更多的总结。此次限于篇幅，仅介绍笔者认为关于故事方面最为重要的部分，在之后的系列丛书中，会对更多的方面做更详细的阐释。

　　本书覆盖影视作品、剧本、小说、IP，在笔者的眼里，这些虽然有形式上的不同，但本质上，只区别于故事是否精彩。本书只从故事的角度来讲述观点，而不涉及制作、演员、宣传等领域。在援引具体案例时，尽量选取大众熟知以及年代更近的故事。

　　笔者从小就是一名国产小说/国剧迷，是诸多优秀国产作品为我打开了眼界，让我体验了很多在现实生活中无法获得的感受。故事给我带来了新的生活，让我认识了生命的新意义。笔者有幸任职于故事行业，眼见很多故事天才碍于经验不足，无法讲出心中的好故事，希望通过总结一些规律，让更多的人能够发挥伟大的天赋，将形式和生命注入有价值的作品中,成就更多的好故事。也希望这些故事,就如多年来鼓励笔者一般,温暖、鼓舞更多人,讲好故事。让故事之光,照亮我们。

一、故事的意义

好的故事能够影响人生

无论人生轨迹是辉煌耀眼、平平淡淡还是灰暗苍白，人穷尽一生，也很难真正知晓全部的自己。故事则提供了一个绝佳的机会。一个好的故事总会让受众通过人物与情节了解到自己的另一方面，也许是自己从未被发掘的天赋，也许是自己不敢面对的缺点，也许是心中未完成的梦想。当站在上帝的视角，目睹最真实的欲望，看到因果循环的善恶，人们会回顾过往，畅想未来，思考生活的意义，加深对自我的认知。一个好的故事会让受众去体验更深层次的情感，丰富认知，对生活的理解更具深度。

故事的力量是伟大的。一个好的故事，早已超越作者笔尖的情节或演员精湛的演绎，它会影响观众的情绪，改变他们对周围的人和事的态度，甚至改变他们的价值观，做出影响一生的抉择。《我的前半生》让观众对神秘高贵的咨询行业充满无限的憧憬，使不少人改变了自己的职业道路；《创世纪》等优良商战港剧，让一代青年身怀创业梦，在竞争激烈的市场中敢于激流勇进。直到现在，商科专业录取仍然是所有专业报考中竞争最激烈的。为何《甄嬛传》火遍大江南北，乐视视频直到多年后还依靠该剧撑起会员付费的大片天？因为甄嬛做到了大众想做但做不到的事情：在逆境中依靠自己的智慧达到自己的目标，历经坎坷后仍然保留最初的善良底线。她的价值观、气度与手腕令人佩服与羡慕。很多观众在生活中面对困难时很无助，面对艰难的善恶选择时很犹豫，甄嬛则成了他们的榜样与精神支柱。

现实中，大部分人都过着按部就班、枯燥乏味的生活。我们期待生活拥有色彩，所以我们希望在故事里造梦。当梦在故事里实现，我们会比故事的主人公更能体验到巨大的满足感。故事的力量就体现于此，它鼓励人们成为更好的自己，对生活充满期待和热情。而从事这样一项能给人们的生活和思想带来巨大影响的事业，对我们来说，是幸运的，也充满挑战。我们渴望能为观众带来更多的能量，也渴望观众能与我们一起在故事里和故事外成为知己。

故事有巨大的经济价值

1. 优质的 IP 有巨大的改编价值

在可以自行创作作品的前提下，为什么近年来越来越多的公司购买 IP 进行改编？IP 到底有什么价值？购买 IP 实则是购买研究成果，属于项目开发的前期 R&D 的一部分，这部分的研发结果降低了整个项目的风险。影视、游戏项目动辄花费数千万元甚至上亿元的资本，而其核心的内容是否打准了市场痛点，唯有在播出或上映的那一刻才能有答案，这样的风险参数接近赌博；而 IP 是对于核心内容最好的前期测试方式。IP 在市场上收获的粉丝量级、口碑和读者对其人设、情节、节奏的反馈和侧重，是不可多得的开发资源。购买IP，实则是购买其基础观众盘作为在影视、游戏领域内更大的先发和变现群体；或者是用较低的成本去测试某个创意或结构是否能得到受众的青睐，若是得到肯定的反馈，则可投入更多的成本。在各行各业产业链日趋专业化的大背景下，影视游戏行业必然逐渐不再接受毫无根据的豪赌，不再押宝在有成功案例的个人身上，而是依据专业化的运作、产品化的流程、科学化的判断，让观众来选择，让算法来决策。因此，IP作为产业链的上游，在前期测试中不可或缺，并拥有逐渐扩大的市场趋势。当市场站在"前期成本"的角度来看待IP时，IP故事本身就具有经济价值。特别优质的、能获取观众情感投入的IP，将作为市场稀缺资源，为多方所角逐，因为它十分具有说服力，能造就巨大的下游观众池，从而带来巨大的购买力。

最突出的例子就是漫威的超级英雄系列。影视行业是一个资本密集的行业，尤其是电影市场，它动辄就牵涉上亿元的投资，投资更需要慎重。影视投资是一个高风险高回报的事情，它的试错成本特别大，如果不了解市场需求，没有观众基础，任何一个投资人都不敢轻易在一个电影项目上押宝，而IP改编就极大地规避了这种风险。IP内容有粉丝基础和市场基础，在转化成影视作品后，它可以保持已有受众的黏合度，拓展粉丝外的受众群。这也是漫威每一部作品都卖座，赚到盆满钵溢的原因。

最优质的作品应当具有超越时代和地域隔阂的价值观，

有抓住历史发展的规律和大众社会心理的特点。人类最古老、最大的 IP 应该是《圣经》《古希腊神话》《荷马史诗》《山海经》等。多少文学名著、影视作品都改编自这些最古老的大 IP。在西方，甚至莎士比亚、奥尼尔的戏剧，狄更斯的小说都变成了影视剧里的热门 IP，欧美很多影视剧的创意都来自这些故事。

2. 优质的故事输出可在多渠道变现

优质的故事有巨大的说服力，能让观众对其所传达的观念产生认同和信任。这种信任感一旦产生，观众会自然而然地开始认同、信任与其绑定的产品，不管是由核心内容衍生的周边，还是线下与其相关的场景、活动、演出，或是相关的广告植入。最典型的例子是迪士尼。迪士尼之所以世界闻名，是因为创造了米老鼠等角色和相应的故事，包括收购了漫威的内容，并以此为基础而制作了长年票房不菲的影片。但是翻开迪士尼 2018 年的财务报表，会发现其票房收入只占总收入的 17%，而其他几项收入类目分别为媒体网络占 41%，主题乐园占 34%，衍生品占 8%。其他收入类目依托于影片表现，却是影片收入的 5 倍。可见，当内容深入人心后，会获得观众的极大信任，这种信任会移情于其内容所在的渠道。比如，相信该渠道推出的其他作品；会希望与该内容产生更近距离的互动，体验带有故事元素的线下实体场所；尊重内容并维护内容的运作。优质故事的作用力还特别长久，迪士尼系列电影纵横影坛数十年，如今仍未见颓势，是由于公司建立了强大的内容壁垒，反复运作受欢迎的核心人物，让迪士尼利润保持着15%左右的年度增长，2018年营收已达600亿美元，利润达150亿美元。25%的利润率，数十年的稳定增长，让各行各业瞠目结舌，充分证明了依托优质内容，完全可以建立起长青的商业帝国。

3. 优质的故事改变思路甚至改变人生，其经济价值不可估量

故事艺术是主导世界的文化力量，是生活的必需品。人只能选择一种生活，因此需要消费故事去窥探不同的人生。故事对人们会产生一定的影响，小的影响包括改变了今天的心情，改变了一些事情的处理方式，比如一些喜剧，也许让一个阴霾的日子瞬间有了光芒，一些悲伤的情绪即刻得到抚慰。大的影响甚至包括会改变一个人的生活抉择。比如，《何以笙箫默》对于法律从业者生活的描绘，让很多观众选择了从事法律行业；很多大女主影视作品中刻画的坚强女性形象，对观众的人生态度产生了影响。韩剧《大长今》至今仍让广大观众印象深刻。剧中每个人物的命运，都让我们看到了"悲天悯人"这种深刻的人文关怀，而大长今面对人生的磨难，始终坚韧、乐观，于绝境中寻找希望的勇气，让人感动。正是这种对生存、尊严等主题的探索，才让观众对这个故事产生了如此深厚的情感联结。而大长今和闵政浩基于品格和共

同信仰的爱情，给渴望真爱的观众带来了温暖和慰藉。

很多经济条件落后地区的受众，没有去看世界的机会，只能通过阅读、观看故事等方式了解外面的世界，那么故事所呈现的，包括道德规范、社会伦理、价值取向、社会关系等，都将为他们所内化，并不自觉地表现到日常生活中去，使其潜移默化地受到影响。而那些能改变很多人的根本思路、关键决策、社会关系的故事，价值将远超表面上的销售价格。其影响力绝不止于收视率或点击量，其真正的价值将不可估量，而能够创作出这些优质故事的人才，将获得超额收益。

故事原理能够提供多方面指导

本书分析创作的原理，但不只是对创作的分析，受众包括但不限于创作群体。笔者认为，每一个人都应该懂一些故事的原理：对人物设定的了解，有助于加深对自我或他人性格及价值观的了解，对进一步认识自己，或对以后的重大的人生抉择、积累知识大有裨益；对情节和框架的了解，有助于从小群体的角度去窥探每个元素的运转方式，从而逐步理解整个社会的运转规律；而站在上帝的视角，我们也可以看见人的欲望或目标如何去撬动一连串事情的发生，有助于我们建立故事思维和商业思维。故事源于生活，但又高于生活。通过故事，我们可以探知社会大众的心理，了解他们藏于生活表面下的诉求。在商业社会中，了解受众诉求后，我们小则可以在商业策划中做到有的放矢,大则可以在主题、人设、情节等方面发现新的变现模式和手段,重构商业格局。

1. 对于内容创作者——这是一本提供灵感和指导的工具书

很多创作行业的朋友拥有故事天赋,可以随着灵感撰写精彩的故事,却多少会遇到一些问题,比如在主题、人设、情节等方面陷入瓶颈。本书分析创作的原理,力图提出一个较为科学的方法论,给创作者带来一些建议。当写作遇到阻碍的时候,创作者可以跳出框架,回到其本源,分析相关元素、架构逻辑线,也许会获得更清晰的思路;与此同时,笔者也提供一些当红剧集制作团队创作过程的第一手资料,让读者了解好的作品是怎么修炼成的;笔者还会分析一些最为受众喜爱的桥段,还原其创作初衷,给创作行业的朋友们带来一些灵感。有些作者害怕知道了工作原理之后,阻碍其创作灵感的发挥,但惊艳的故事需要创作者应用科学的方法,广泛地收集素材,汲取前人的创作经验,不断挑战自己的极限。有名家说:任何故事的第一稿都是狗屎。凡是我们所遇到的创作出优秀故事的作者,都系统地分析过创作的科学性,对创作方法进行过缜密的思考。暂时的运气、天马行空的灵感,只能有阶段性的掌声,而无法成就真正有影响力的作品。希望有志于创作的人才,不要局限于好的点子、好的桥段,而是要掌握原理,学习方法,写出逻辑更禁得起推敲、质量更禁得起考验的作品。

2. 对于挑选故事的人——这是通过较好的实操成绩论证过的甄别优质内容的经验方法论

在内容上有时间投入或财务投资的朋友，如何判断一个故事是不是一个可以下注的故事呢？也许你不爱读小说也不爱看剧；也许你有心无力，因为太久没有跟踪国内的市场；也许你的个人品位与大众市场不吻合，难以根据自己的喜好来判断并做出决策。本书能让你迅速获取内容行业的基础知识，了解内容创作的基本原理，以及市场反馈良好的作品的亮点所在，以形成一个判断体系。本书提供的评估框架，是从实操经验中提取的，所举故事都是在播映前，按其规则挑选出的实实在在获得了高财务回报的故事。按照这样的模板去判断，不会百发百中，赚得盆满钵满，但是至少可以极大降低踩雷的风险。笔者提供一些基础的评估框架，哪怕对内容行业毫无经验，也能通过快速学习和流程化评估迅速甄别优质故事。当然，内容的全盘解剖和制胜之道，仅凭一本书很难完全说透。而最好的故事，包含最前沿的创新（无论是在人设、情节、题材上），不仅需要靠理性的方法论去研究故事架构，还需要从审美情感等感性角度分析故事的艺术价值，因此需要左手抓框架，右手抓感受。理论方面，笔者以后也会在《故事之光》第一部的基础上持续更新。

3. 对于热爱故事的人——这是一本包含了人生逻辑论述、心理学、社会学等学科知识，以及最前沿的互联网产品运营知识、用户运营案例研究探讨的著作

即使与故事行业毫无关联的读者，只要对故事本身有兴趣，也会在本书中找到乐趣。生活就是由一个个的故事组成的，撰写故事就是在不断分析生活的价值观、方法论。故事源于生活，高于生活，优秀的故事是对生活某些方面深入的挖掘和深刻的总结，是对人性心理、社会意识、历史因果、发展规律等更为高度的概括。而对其创作原理的挖掘，有时候不亚于阅读一本心理学、社会学著作。对故事人设的分析和建议，能够挖掘出人性。这可以应用在互联网产品运营中——立住自己产品的调性和设定，以及在用户运营中——定义用户需求，分析要带给用户什么样的体验。在生活中，本书所拆分的故事元素，也会带有对生活的思考——也许是一本可以边喝下午茶边翻的闲书——看看那些爆款作品是怎么吸引你的，它们到底是在哪些地方花了心思，为什么有这么多人都沉迷于这些故事。那些让你疯狂的人物，是如何被塑造和浇灌的。不要担心学习背后的流程会毁掉你最初的热爱，对于精彩的故事，了解其创作的点滴，只会让你更有收获，因为创作者所做的准备，超乎受众的想象，也比最后呈现的内容更为丰富，会让你更爱你喜欢的角色或作品。

二、故事构成要素

故事的形式多种多样，小说、戏剧、电影等都是其表现形式。虽然形式不一，但是故事的构成与创作，还是能够通过大量的阅读与实践总结出一些普遍规律的。通过这些规律的总结，可以从中发现一些创作故事的方法。在创作故事时，创作者可以从方法论框架与感性判断两个方面出发。

千百年来，故事无论如何变化，主题、人物、情节永远是故事永恒的内容。本书从这三个方面依次总结了创作故事的一些原理，以供参考。创作故事时，主题需要考虑三个问题：主题是什么？主题从何而来？主题需要注意什么？塑造人物时，需要了解常用人物原型、人物形象、人物关系、人物情感。而构思整个故事情节时，故事的世界观是重中之重。塑造故事的世界观，要构建好故事背景，以及故事中的世界的运行规则。构思故事情节时，要处理好故事的起承转合，即故事的开头、发展、高潮、结局。

感性判断是指从用户的角度思考故事如何才能更加吸引人。主要从故事风格与审美的吸引度、故事内容的吸引度、故事语言的吸引度三个方面进行思考。故事能够为用户带来精神上的陪伴，满足用户一些精神上的需求，因此，故事需要符合目标用户的审美和价值观，要让用户在阅读故事时情感需求得到满足。用户阅读故事时的满足点往往是来自故事情节点上的爽点、苏点、悬疑点、笑点，因此在创作故事时应注意情节点的设置。另外，故事内容不应说教，用户阅读故事的主要目的是娱乐（当然娱乐的过程中可能学习到了知识,但起初并不以学习为首要目标),而说教带有学习属性。故事语言的吸引度,一方面是故事对白要精彩,另一方面故事的语言风格要配合故事风格,不能生硬。

上文提到,故事最终要讲述给用户,而本书最终也要传达给读者,因此读者感受尤为重要。事实往往比理论更加生动、有趣。所以本书以2018年3个垂直细分领域的冠军影视剧作为案例,将采访到的顶级影视剧核心制作团队的一手资料,与通过此资料总结研究的关于创作与用户需求的最新成果展示给大家。再将多年调查和研究的关于故事创作的理论和市场实践总结出来与大家分享,希望可以为大家进行故事创作、评估提供经验和借鉴。

本书将提供一些故事创作的方法供大家参考,在探讨前,希望各位创作故事时注意以下三点。

故事的创作原理可以研究,但没有固定公式

一个好的故事创作,是否有章法可循?

既有,也没有。

要创造一个为大众所接受并喜爱的故事,的确有一定的规律。在之后的内容中,笔者会分解故事的每一个影响因素,逐一讲解这些因素在故事中的重要性。笔者相信,人们既有共性的需求,也有独特的需求,有主动表达的需求,也有未发现的隐性需求,有保持永远不变的人性的需求,也有与时俱进的观念变化的需求,这些需求可以通过有效的方法论去收集与分析。创作者在确定了人们的需求后,再配以写作的方法论,才能专业并高效地切中这一需求,才能有目标并可控地表达出真正的意愿。当然,即使我们把控住了收集信息和高效表达这两个流程,也并不代表佳作可以依靠公式诞生。爆款的产生还需依赖作者对社会心理的洞悉,对故事节奏的把控和对人物的深度理解,以及兼具创新的能力。

故事有原始模型,但不能生硬套用

虽然故事有一定的创作方法可循,很多创作者也十分认真地对待这份事业,但仍然有很多故事不能打动人心。究其原因,有些创作者缺乏对真实生活的理解,因此所呈现的故事脱离实际,导致故事失真;有些创作者的故事,陈词滥调。观众在十年前被这样的情节或人设打动过,再见已是兴致索然;有些创作者虽然有一定的创作力,但是因为没有足够的写作经验,创新在落地的时候总不能淋漓尽致,导致虎头蛇尾,受众失望。好的创作者,应当抛弃自己的幻想,深入一线去了解受众真正的需求(不论是受众主动表达的还是潜意识的),积累写作经验,着力于用创作感动人,才能创作出经久不衰的有影响力的作品。

爆款均有独特亮点

每年总有一些作品令人难忘,它们的成功从来不能用某个公式或套路来概括,每部作品都有其独特的光辉。《那年花开月正圆》抓住了大众对一代传奇女性如何在逆境中乐观奋斗的好奇心。每年传奇女性类的故事如此之多，但这部作品在塑造女主善良勇敢、疾恶如仇、不服输又足智多谋的性格，以及从这样的性格衍生出来的几段深刻的爱情方面是非常成功的，因此《那年花开月正圆》在众多的影视剧中脱颖而出。《香蜜沉沉烬如霜》只是无数神话故事中的一个，却出色地运用了"陨丹"这个设定，缔造出女主独一无二的天真可爱的性情和与男主啼笑皆非又刻骨铭心的爱情纠葛，紧紧抓住了目标受众渴望纯真爱情的情感需求。《延禧攻略》能脱颖而出，就是因为大众在现实中不能实现的想法、不能应对的困难，女主角能漂亮地处理。事实上，人们是被理想中的自己所吸引。故事的目标是打动受众，赢得共情。凡是爆款，必然是从一般的套路里脱颖而出的，它们能抓住社会大众心理，挖掘观众深层次的心理需求，尊重观众的品位。2017年大火的日本晨间剧《东京女子图鉴》，就赢得了职场人士的共情，每一个在北上广等一线城市打拼的白领都在这部剧里看到了自己的影子。来自小城市、依附于企业、受雇佣关系和科层制束缚的白领们，为了阶层攀升，为了实现自我，带着功利色彩选择爱情、职业发展。他们在一路高升的路上，看似得到了很多，实则失去了更多。回首从青涩职场小白到"白骨精"的过程，相信每个人心中都是五味杂陈，感慨万千。在众多的职场剧中，这部剧讨论职场心理最为深刻，与受众的共情点最为贴合，因此引爆了市场，国内迅速买版权翻拍。

在之后的几章中,笔者将详细阐述故事的方法论以供参考,以下是总概图。

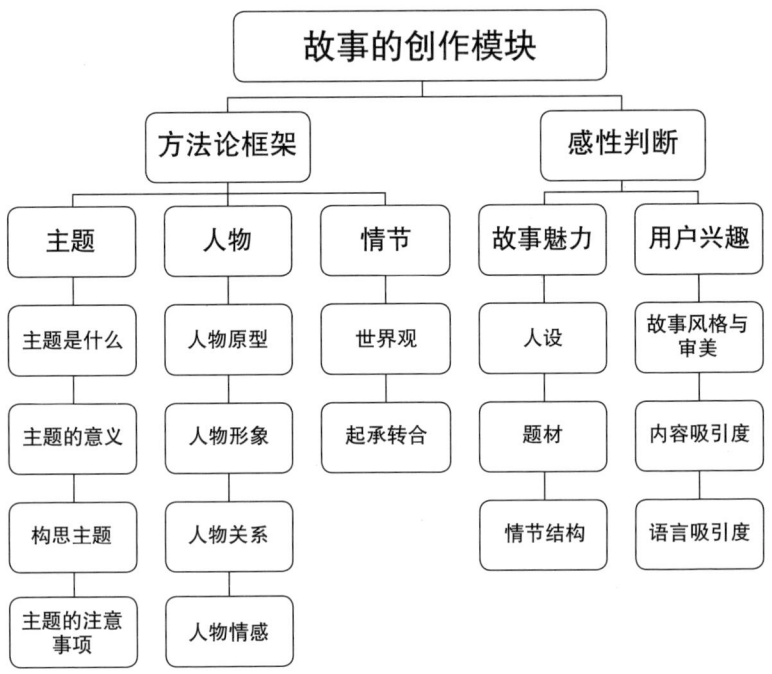

Part1——方法论框架

1. 主题

（1）主题是什么？

当我们拿起手中的笔或者面对电脑想要创作时，首先需要一个想法，或者一段思路、一个句子等这样简单的东西，来确定我们到底想要创造什么。这个简单的东西往往能确定一个大的方向，让我们心中明白到底想创作一个什么样的故事。这个东西常常就是故事的主题。

主题的范围比较大，不过可以用一个词或一个短语来表述，如"贫困""冒险""爱情悲剧"等。它为我们的创作确定了一个大致的方向。但这些词或短语表现出来的语境与语义太过庞大模糊，甚至十分抽象，会让人想象无数种可能性，同时也传达出无数种不确定性，并不能表述出故事真正想要传达的内容，也不能够概括出故事的中心思想。这个时候，我们需要对故事主题进行一个更加清楚的表述。

主题的描述，市场上有各种说法，笔者认为主题是主体＋动作的描述。主体是动作的发出者，动作包括主体的具体动作与结果。

我们姑且称这一类可用一个词或短语表现的，如"贫困""冒险"等为大主题，而主体＋动作描述为具体主题。大主题确定了故事的核心，而具体主题则展现了故事的整体方向与内容。比如《肖申克的救赎》的大主题是"希望"，具体主题就是"安迪+坚守希望":只要坚持就有希望,就能抵抗所有考验迎来自由。这个故事的反思想是"绝望",安迪在狱中面临的所有考验都是为了让他放弃希望,但他一直坚持的动作就是"坚守希望"。

在创作过程中,要明确故事主体是谁,想要讲述这个人物怎样的一个故事。当故事的主体与主体所传达的事件能够具体描述之后,便有了方向。有了大主题与具体主题之后,你就能够清楚地知道,什么适合你的故事,什么与你的故事相悖,什么可以删除,什么可以保留。它能够清楚地为你提供一个整体创作的方向与审美定位。当能够通过主体与动作,用寥寥数语说明主题时,便可以开始扩展到故事的情节和结构等要素了。

主题确定,接下来便需要扩展主题,构思故事线与故事细节。构思故事主线,填充故事细节,除了需要创作者本身的想象力与构架能力之外,还需要到生活中收集具体的素材。素材的运用能够展开主题并丰富故事线。收集素材的方法有很多种,主要可以总结为两种:一是从前人经验中获取,即查阅关于想要叙述的这个主题的书籍、杂志、报纸、影片等载体;二是通过采访、调查的方式,对与主题相关的内容进行现场调查。两种方式都能够丰富素材,在创作故事的过程中,这两种方式可以交叉使用。

(2)主题的意义

大主题是整个故事的核心观点,其反映出来的正确的价值观能够为听故事的人带来能量,甚至可能为正在迷茫的观众提供指导与帮助。《阿甘正传》所宣扬的保持善良、简单,抵抗诱惑坚持本真的价值观,对观众有巨大的感染力,激发了观众心中对真善美的向往和追求,进而给观众指明了生活前进的方向。

主题是整个故事的灵魂,主题能够让故事聚焦于核心内容,为故事提供方向,确定故事的主体与主体所要传达的动作,即这个故事是关于谁的,关于什么的,关于怎么做的。这能够让创作者始终贯彻故事的整体走向,明确故事是关于哪方面的。

(3)构思主题

生活中可能某个事物会突然给你一个灵感,激起你创作的欲望。也许看了一部爱情悲剧后,你心生感慨,想要创造一个结局幸福的爱情故事;也许某天繁重的工作结束后乘坐地铁的你突发奇想:要是能改变现在一成不变的生活状态,开始一场刺激的冒险该多好……这些都是灵感的来源。每当这个时候,你心中有了想要创造、表达的欲望,就要记下这些突然的想法,因为这些为你提供了想要创作的故事大主题。有了想要创造的大主题,接下来,就需要确定具体的主题,即怎么表现这个大主题。也就是前文中提到的主体+动作。

如在幸福的爱情故事这个大主题下，开始需要确定爱情双方各是什么身份，克服了什么阻碍最终幸福地生活在一起。如果想要创造一个大学校园爱情故事，双方身份确定，校园爱情故事的常见阻碍是校园同学之间的冲突及初入社会的冲突，所以具体主题可以提炼为：男女主角克服校园同学之间的冲突与初入社会遇到的矛盾，最终在一起的爱情故事。

（4）主题的注意事项

当我们能够确定故事的主题，知道自己想要表达的东西，而且才思泉涌，准备创作时，我们还有一个因素需要着重考虑——这决定着观众是否接受故事——故事所传递的价值观。

这里的价值观不是指故事的结局必须是喜剧，不能是悲剧，而是指整个主题传递出来的情感与能量是否会给观众带来正确的指导。比如，故事主题不能宣扬吸毒、暴力、犯罪等，这些是显而易见的违法行为，会带给观众错误的行动指导与价值观。故事主题也不能宣传封建、落后的价值观念，比如女性地位低人一等、必须三从四德等。创作者既然选择创作故事，那么便需要对故事内容负责，也需要对故事受众负责。传递错误的价值观，既是对故事内容的不尊重，也是对故事受众的不负责。

主题表达错误的价值观一定存在政策风险。无论是小说、电视剧、电影等，都有着政策方面的监管，尤其是传播度更广的电视剧与电影，在监管上是十分严格的。若故事主题的价值观不正确，在面临故事监审这一关时，便会寸步难行，最后无法传播给观众。电视剧与电影故事是编剧、导演、制片等大量工作人员共同努力的结果，花费了大量的人力、物力、资金，且时间周期一般比较长，若因为主题价值观不正确无法播出，则实在是一件得不偿失的事。因此，创作者在创作过程中需要尽量规避主题价值观所存在的潜在风险。

在确定了故事主题，并确保主题的价值观正确后，我们便可以对故事的人物与情节进行具体的构思与设置了。

2. 人物

故事中，我们确定了故事的核心与整体方向，接下来则需要更加具体的内容来对故事进行填充、丰富，将构成故事的重要元素搭建出来。具体主题通常能用一句话概括，而主体与动作是构成它的重要元素，主体与动作搭建了整个故事。

故事的主体可以是人、动物、物体，而在动物和物体为主角的故事中，主人公往往都会被赋予拟人化的思维与动作来表现整个情节，因此在本文中，将主体统称为人物。

人物作为整个故事的事件推动者，或者说事件的执行者，在故事中起着至关重要的作用。而一个故事中，人物数量往往非常多，人物关系也呈现一种多重交叉的状态。因此，在构建人物之前，我们需要先了解故事中几种常见的人物原型，这可以为我们在创作故事时对人物进行排兵布阵提供思路。

（1）人物原型

1）主人公

首先介绍故事中的核心人物——主人公。主人公是造梦的主体，需要让观众产生认同感，将观众代入具体的情节之中，陪着主人公一起去冒险、去经历、去感受，从而引导观众对自我的探求与想象。

主人公可以有多个，也可以只有一个，具体情况因故事构思和内容而定。如美剧《老友记》中就有六位主人公；《香蜜沉沉烬如霜》中则有锦觅和旭凤两位主人公；而日剧《半泽直树》中，半泽直树是唯一的主人公。

主人公是推动故事情节发展的关键，其他人物依据主人公的存在而塑造，因此主人公在故事中出现的频次占绝对统治地位。其次，整个故事与其他人物既然都是围绕主人公转，就需要设计变化，这种变化往往是主人公的成长。

设置主人公成长的弧线，往往需要先为主人公设计一个终极目标。这个目标可以是主人公内心主动设定的目标，也可以是外部事件的压力迫使主人公不得不朝着努力的目标。最开始设置的目标不一定是终极目标，终极目标也许是第二个、第三个……但故事首先必须要有一个目标，因为主人公有了目标，才会想要离开或者打破当下的平衡环境，从而改变自身和环境。

终极目标的设计有两种情况，一种是最开始便为主人公设置了最艰难的终极目标。主人公需要先完成一个个难度系数不断增加的小目标，在完成一个个小目标的基础上，最后才能完成终极目标。另一种是故事一开始没有为主人公设置终极目标，而是先设置了小目标，主人公在完成一个小目标后，有了更大的目标，于是开始一步步改变，最终碰到难度系数最大的终极目标。如《康熙王朝》中，主角康熙最开始的目标是打败鳌拜，夺回政权。因此才有了康熙与三大重臣联合，同时暗中招侍卫练习，专门对付鳌拜。在共同努力下，康熙终于战胜了鳌拜，实现了亲政，完成了第一个目标。接着康熙又先后完成了平定三藩之乱、收复台湾等目标，最终为清王朝的强盛奠定了基础，完成了终极目标。

有了目标，则需要开始为主人公设计阻碍。阻碍面前，主人公只有改变自身，才能克服阻碍，完成任务。终极目标必须是主人公最难完成的目标，因为随着主人公一次次克服阻碍，主人公的能力也在不断增长，如果目标的难易程度一直不变，那么读者容易对此感到疲乏。而带有阶梯难度的目标，既符合故事发展的逻辑，也符合人的心理逻辑，更容易让读者接受。

主人公发展路线可以是小人物成长为大人物的逆袭，也可以是从强者到跌入谷底重整旗鼓，再次登上顶峰式的复盘，抑或是人物能力或者身份地位保持不变，随着情节的改变，目标发生相应的改变。主人公的每一种路线都有其吸引点或者说爽点。

第一种，小人物成长为大人物式的逆袭，塑造得当，像是为观众造梦，观众会将自己代入，感同身受，与主人公一起经历磨难，克服种种阻碍，最终逆袭成功，获得成就感。如《杜拉拉升职记》中，杜拉拉由一个普通平凡的小女生成长为外企公司的行政总监，这种设定极大地满足了读者对于自己职场上升加薪的想象。

第二种，强者跌入谷底，通过一步步努力重新登上高峰的路线，能够在最开始快速地将观众情感代入，引起观众的共鸣，并产生移情，从而开始期待主人公逆袭带来的更加强烈的快感。如韩剧《大长今》中，大长今好不容易帮助韩尚宫成为御膳房最高尚宫，自己也跟韩尚宫相认，并获得了闵政浩的爱慕之心。一切都离大长今的目标越来越近，但崔尚宫利用硫黄鸭事件诬陷大长今和韩尚宫谋反，大长今和韩尚宫被流放。韩尚宫在途中凄凉死去，大长今成为犯人，看似此生再无回到御膳房为母亲申冤的机会。这会使观众为大长今的处境担忧，同时为大长今的善良、坚韧所感动，并隐隐期待大长今利用学医的机会回归宫廷，打败陷害她的所有反派，为母亲申冤，为韩尚宫报仇。

第三种，主人公能力或身份地位保持不变，但随着情节的发展，其目标发生相应改变，这种类型在悬疑推理与爱情剧中常见。这种类型当中，吸引观众的一方面是主人公形象所具有的独特魅力，另一方面是主人公所面临的阻碍的不断更新与改变。如小说《法医秦明》中，主人公秦明在故事一开始作为法医，专业度已经非常高，在后面的情节中也没有具体去塑造秦明在法医能力与身份上的发展，而是着重于每个"案件"的塑造。

2）对抗者

对抗者是在主人公向目标前进的过程中，为主人公设计阻碍的一方，或对抗者本身就是主人公。对抗者的能力与智慧一般要与主人公相当。对抗者的力量越强大、越复杂，主人公形象和故事情节发展会越精彩。因为主人公面临冲突时，对抗性机构和环境所激发出的能量及其人性深处的对抗力量越强，主人公的阻碍与冲突就越强，解决阻碍与冲突的各种能力就需要越强。对抗者从侧面衬托出主人公的能力，塑造着主人公的形象。

对抗者可以是一个，也可以是多个，对抗者的形象也可以多种多样，发生多种变化。下面列举四种对抗者的形象，可供参考。

从始至终类型的对抗者，从主人公出现便在不停地为主人公设置阻碍，置主人公于危险境地。《如懿传》中的富察皇后，因为选妃事件成为如懿的对抗者，自此之后，明里暗里不断为如懿制造阻碍，临死之前，仍然想将如懿从继后的名单中排除。

由友变敌类型的对抗者，开始本是主人公的伙伴，但因为事件推动或其心理变化而成为主人公的对抗者。《如懿传》中的魏嬿婉，最开始被如懿所救，成为如懿的伙伴，与如懿齐心协力对抗金玉妍，之后因误喝避孕药而忌恨如懿，遂成为如懿的对手，明里暗里为如懿设置阻碍。

由敌变友类型的对抗者，前期往往是主人公的对手，并与主人公进行过激烈的对抗，而后期因为利益的纠葛或主人公强大的能力而成为主人公的伙伴，与主人公一起对抗敌人。《我的危险妻子》中，女主望月真理亚与女二北里杏南在剧情最开始时是敌对的关系，女二甚至怂恿男主望月幸平谋杀女主，以争夺财产。但在女主主动与女二见面后，两人又变成了伙伴，一起对付男主。

时敌时友类型的对抗者，在故事情节中既帮助过主角，又是主角的对抗者。这一类对抗者与主人公往往存在着复杂的利益与矛盾纠葛，与这一类型对抗，恰恰非常好地塑造了主人公形象。《如懿传》中的太后形象便是对这类对抗者的生动诠释。故事最开始，先皇驾崩，太后与如懿的姑姑是宿敌，视如懿为敌人。之后，太后不想让自己的女儿被皇帝嫁到蒙古，太后与如懿合作，共同对付皇后，这里如懿与太后是共同面敌的伙伴。但在之后的情节中，如懿拥有了成为皇后的资格，太后却出言警告，这时，太后又站在了如懿的对立面。而后如懿被打入冷宫，太后又在皇帝面前为如懿说好话，劝解皇帝。太后与如懿的关系时敌时友，不断变化，是比较典型的时敌时友的对抗者形象。

3）伙伴

伙伴是主人公在克服阻碍实现目标的路上结伴而行的

人。伙伴具有陪伴、竞争对手、气氛调节等多种功能。伙伴一方面可以帮助塑造主人公形象，另一方面也能推动情节的发展，调节整个故事的氛围。

在《福尔摩斯》中，华生这个角色对塑造主人公形象的辅助作用十分明显。夏洛克在故事中的形象是拥有高智商但又十分自傲，惜字如金，与众不同。如果这个人物自己解释案情，就不符合这个人物的人设，而不对案件进行任何解释，可能又无法让人了解诸多情节。所以，故事中诸多案件的原因，是由夏洛克的忠实伙伴华生帮忙解释的，而众多情节中存有疑问的问题，也由华生帮忙询问。华生这个角色既推动了情节发展，又立住了主人公的人设，一举两得。在《亮剑》中，赵政委的角色也有异曲同工之妙，一方面，赵政委温和有礼的性格是对李云龙豪爽性格的补充。另一方面，赵政委这个角色的出现，也能帮助李云龙做团队的思想工作，在面对冲突与矛盾时能够调节紧张的人物关系，推动剧情向前发展。

在伙伴角色推动情节发展方面，《如懿传》绝对算得上经典案例。《如懿传》中，海兰在如懿几次遇到困难的时候都发挥了巨大的作用。如懿被判至冷宫，海兰谋划服毒，以身试毒，将如懿救出。富察皇后去世，海兰主动谋划，为如懿处理六阿哥的障碍。如懿再次被皇帝怀疑与侍卫有染，海兰亲手送毒药给侍卫，救了如懿。

伙伴还可以调节整个故事氛围，《盗墓笔记》算是具有代表性的作品。《盗墓笔记》作为探险题材，故事需要塑造悬疑与紧张的气氛。但一直紧张的氛围，也许会让整个故事过于严肃。而《盗墓笔记》中加入胖子这个无论是形象还是语言动作都带有一定滑稽性的人物来调剂故事气氛，就让故事更加生动有趣了。

4）爱人

爱人是主人公情感的伴侣。爱人可以陪伴、鼓励主人公，也可以与主人公敌对。但无论如何，爱人与主人公在情感上始终有爱恋的关系。在心理层面，爱人往往是让主人公在情感上获得迅速成长的动力，是主人公情感需求中不可或缺的一部分。在观众层面，爱人是主人公对于爱情另一半的重要想象。就目前国内影视剧、小说市场来看，爱情始终占有绝对地位，因此爱人的形象在故事中十分重要。

爱人在故事中承担着比较重要的戏剧性功能。一方面，爱人能够鼓励主人公，激发主人公对实现目标的强烈愿望。主人公目标感强烈，所付出的行动能够更加激烈，能更有力地推动情节的发展。另一方面，在某些题材中，爱情可能成为主人公的终极目标，爱人在以爱情为目标的故事中的作用自然不言而喻。

5）导师

导师是指在主人公克服阻碍实现目标的过程中，帮助主人公进步、成长的人，也有着关键性的作用。导师可以有一个，也可以有多个，因为主人公要完成目标需要多种能力，获得多种帮助。导师可能是正面的形象——慈祥的长者、智慧的智者、某个领域的大师……主人公通过向导师学习，获得某种能力。导师可能是主人公的目标，即主人公的崇拜对象、想要成为的人。当然，导师也可能是主人公的反面教材，因为不正确的示例，让主人公获得某种启发或能力，反而促使主人公成长。如在《笑傲江湖》中，岳不群假意培养大弟子令狐冲，但背后却利用和陷害他。而令狐冲并未改变初心，反而功法越变越强，侠义不减。

　　导师在主人公的能力与心理成长中发挥着重大作用。一方面，主人公设置了目标，需要获得某种能力才能实现目标。导师可以教授主人公获得这种能力的方法，并督促主人公尽快学习这种能力，训练主人公。另一方面，主人公在遇到阻碍，或心理上遇到不解或者放弃时，导师可以鼓励主人公、点醒主人公，让主人公重拾信心，更加有力量去实现目标。比如《大长今》里的韩尚宫、首医女。韩尚宫是大长今的母亲和老师，她引导大长今人格的形成，教会她做菜的原理，更让大长今明白"烹饪食物的人必须要对吃食物的人心存敬意和诚意，绝不能拿食物作为谋取权力的手段"；首医女跟大长今是亦师亦友的关系，她教会大长今精湛的医术，让她有回到宫廷复仇的资本，更重要的是她警醒了大长今"所有成功的人，都是单纯、热情的人。他们认清现实，但是超越现实"，大长今正是受到这番话的启发，才重新拥有了希望和智慧去掌控人生。

但是导师有时候假扮反派，比如《哈利·波特》里的斯内普教授，在第七部大结局之前，所有人都以为他是大反派，直到斯内普为了哈利·波特而死，观众和哈利·波特才明白一直守护哈利·波特的人是斯内普。

导师的角色常赠予主人公礼物。礼物可以是送给主人公的某种武器、功法、能力等。礼物一般不是免费的，而是需要主人公通过导师设置的某种测试，才会获得。因此主人公需要不断学习，提高自我，或者是在设置的某种情境下做出牺牲和舍弃，才会获得礼物。导师送给主人公的礼物可以是在主人公面临问题的关键时刻，导师给主人公的启发或制胜的因素，也可以是主人公情感的一个寄托。

（2）人物形象

事件是塑造人物形象的主要方法，因为从事件中可以看出人物需求、态度和行为方式，从中分析出人物的性格、价值观、能力等多方面的特点。但在故事创作中，往往需要先建立一个人物形象，根据人物形象的特点叙述人物在面对某个事件时做出什么样的反应、什么样的行动以及如何处理特殊情况。人物形象是多方面的，人物形象塑造的方法也是多种多样的。下面介绍的方法可供大家参考。

在塑造人物形象时，首先要明确人物的特点，然后需要对人物进行比较详细的规划与分析。一般来说，可以从人物的内在与外在两方面来塑造人物的形象。

1）人物的内在

内在包含人物性格形成的过程。一般来说，人的性格形成受到时代环境、家庭环境、教育环境、人际环境的影响。

明白了需要从这些方面确定人物的内在之后，接下来便是具体的人物内在设置，即开始为人物贴上各种标签。人物的性别是男是女？人物的年龄是多少？人物的出生地是哪儿？人物从小生活的地方是大都市、小县城还是乡村？人物所处的时代是古代、近代还是现代？人物的身份地位是什么？处于什么样的阶层？人物的受教育程度如何？人物的家人有哪些？人物的父母从事什么工作？教育程度如何？父母对待儿女的态度怎样？人物和父母的关系如何？人物有哪些伙伴？与伙伴的关系怎样？人物在学校的情况如何？成绩如何？与同学和老师之间的关系如何？人物本身是否身体健康？不健康的话，有什么疾病或缺陷？人物在成长过程中在家庭或者学校是否经历过什么巨变？面对巨变时，人物如何处理？……这些都是人物性格形成的重要因素。这样的问题越多，人物的内在就越清晰，对这个人物的信息掌握得就越全面。对人物的信息了解得越全面，人物的特点就能了解得越清晰。

人物的性格特点明确，在创作过程中就能够更加清晰地表现出来。如果创作者本身对人物的内在情况不了解，或者了解得不清晰，那么在传达给观众的时候就可能会出现偏差。因为塑造人物形象的语言、动作等方面本身就存在传达有误的风险,而如果创作者对自己笔下的人物形象不熟悉,或者说形象模糊,最终展现给观众的人物形象可能会更加模糊,甚至自相矛盾。

人物内在明确,在面对不同事件时,人物如何反应,采取怎样的行动就能够更加顺畅。而一个人的性格固定后,其处理事件的方式就有一定的逻辑可循。即人物在面对不同事件时采取怎样的行动其实是必然的结果,因为人物的性格、知识构架、眼界、世界观、人生观、价值观已基本确定。坚实了人物的内在,人物才能够在故事设定的人物框架内发展、前进,才能够在特定的情感行动中变化、成长。

2)人物的外在

人物的外在是人物展示性格的重要方式。在这里,人物的外在更多的是指人物的社会属性,所以此处不就人物的外貌、语言等进行论述。展示人物性格一般包括人物的职业、人际关系。

人物的职业,即人物在故事中的身份是什么?地位处在何种阶段?所从事的职业是什么?主要的工作任务是什么?因为故事往往发生在人物所从事的职业当中,因此,需要了解人物是否喜欢这份职业?人物对待职业的态度是积极还是消极?人物在这份职业中是否有目标?如果有目标,这个目标的具体内容是什么?而达成这个目标需要人物付出什么代价?人物是否愿意付出这种代价来完成这个目标?还是说人物不喜欢这个职业而向往另一份职业?人物对此是表现出消极的回避还是积极的争取？等等，这些都是在设计人物职业当中需要明确的事情。

人物的人际关系，包括人物在职业中的人际关系以及在生活中的人际关系。职业中的人际关系包括人物和上司的关系、和下属的关系、和同级的关系。人物的老板是谁？对人物是积极地帮助还是无视对待？人物对老板又持什么样的观点？依此种方式一一思考人物与上司、同级、下属的关系。实际生活中的人际关系，包括人物与朋友、亲人、恋人的关系。同样用以上的方法，也可以从中总结出人物的某种特性。

人物的内在形成了人物的性格，然后可以通过人物在故事中的外在内容来展示人物的性格。经过此种内在与外在的共同总结、展示，能使创作过程中的思路更加清晰，当对人物的某个行动产生疑惑时，可以通过重新阅读人物的内在与外在来推断其下一步如何行动。

3）人物的观点

人物的内在与外在让人物的形象开始立体起来。故事之中，因为人物的性格特质已定，其行为再夸张也不可能超越特质本身。而人物在事件中，展现出来的其实是人物对待故事中的世界、人物、事件的观点。也就是人物的世界观、人生观、价值观。

人物的观点是这个人物面对各种事件采取行动时所表现出来的三观。世界观、人生观、价值观往往不是三言两语就能交代清楚的，在塑造人物三观的过程中不要急于求成，更不可能一蹴而就，因为三观展现出来需要一个过程。因此在塑造人物三观时需要有足够的耐心、足够的想法，并在故事中实践这些耐心与想法。

在塑造人物观点的过程中，需要注意主人公的三观要符合当下时代的三观。因为在故事中，主人公往往除了在人物与情节上的作用，还需要承担观众虚拟自我代入的作用。观众显然清楚什么是正确的三观，什么是错误的三观，若主人公的三观错误，观众很难将虚拟的自我代入这个不认同的主人公身上。因此，其他角色也许无所谓，但主人公的三观需要与当下符合。尤其在影视剧故事创作中，三观的正确显得尤为重要。一方面，近几年的电视剧市场，政策对故事所体现出来的价值观有一定的要求，创作者在创作过程中需要规避错误三观带来的风险。因为故事在三观上无法通过政策上的考核，这个故事就无法展示在观众面前，即使前期展现在了观众面前，之后也存在被禁的风险。另一方面，这也是创作者的自我修养。创作不能无拘无束、天马行空，想怎样就怎样。创作者是讲故事的人，需要对听故事的人负责。若是故事中的主人公传递出一种不正确的三观导向，多多少少都会对听故事的人产生一定的影响。因为故事的受众有可能是三观未形成或者正在形成的人，他们的三观正处在受外界各种影响的形成期，对故事的内容不能正确地判断与取舍，可能会去盲目地学习并模仿主人公的行为与动作。即使是三观已经形成的成年受众，对事物有一定的判断力，也可能会受不正确三观的影响。因此，创作者在塑造主人公三观的过程中需要有一定的自我约束力。

但这也不是绝对的，在想要通过塑造反面主人公形象以达到警告、提醒作用的故事当中，主人公的行事所体现出来的三观可以不考虑这一因素，因为这样的故事，主人公往往不承担观众虚拟自我代入的功能。同时，主人公的设定既然是为了警告、提醒众人，人物的功能性作用已经很明确，其初衷便带着目的性，因此，对观众来说只会产生警告、提醒的作用。比如《绝命毒师》的主人公三观不正，最终被家人唾弃，自己也死于非命。

当人物的内在、外在与观点都基本确立后，人物的形象便会立体、生动起来。接下来，便需要通过塑造人物形象来体现人物的各种特点。

4）人物的弧光

人物的内在体现人物的性格，人物的外在展现人物的性格。在故事中，人物不仅是一个拥有性格并展现性格的静态个体，还是一个在故事情节中会动态变化的个体，人物在情节发展过程中所展现出来的所有动态变化形成人物弧光。如前文所说，主人公是整个故事的人物核心，本文就从主人公的角度对人物弧光进行阐释。

人物的弧光是在情节发展中所呈现出来的所有变化。这里的人物弧光虽然指人物的所有动态变化，但一般来说我们只讨论主人公处理事件的能力变化和心理变化。如美剧《生活大爆炸》里，霍华德一出场给观众留下的印象就是一个猥琐好色、妈宝式的科技宅男，但是随着他跟博娜黛特恋爱、结婚，他逐渐蜕变成一个体贴、成熟的丈夫和老公；再如谢尔顿，他在剧中最顽固、最自我、最孩子气、最不会社交，但是到了第十季时，他变成了一个会体贴爱人、会考虑朋友心情的贴心好男人。故事里，人物必须要有弧光。一个没有弧光的人物是非常单薄的，观众也很难在一个不够立体真实的人物身上产生移情。

人物的变化一般有两种情况——成长或退化，即人物弧光朝着成长的方向发展，或朝着退化的方向发展。虽然主人公在情节发展过程中会朝着成长或者退化的方向发展，但每次发展的程度是不一样的。主人公经历考试得零分与主人公经历生老病死，在其身上产生的变化是不一样的。经历考试不及格，一般来说会面对两种情况。一种是受到批评，另一种是受到鼓励。这对于主人公来说确实是一件尴尬而羞耻的事情。但如果正在上学的主人公经历父母意外身亡，家中经济来源被切断，那么就需要主人公学会独立。这样的经历会促使主人公心理快速成长。

主人公的弧光不是一成不变的。人物目标的建立与反向阻挠，会促使主人公不断寻找更好的方法去解决问题。结果，一般会出现两种情况：比现在更好，或比现在更差。也许有人会说应该有主人公保持平衡稳定的状态。其实不然，主人公在主动或被动建立目标时，便已经做出了决定。主人公一旦做出决定，其结果已经不可逆，他的生活在这个过程中不可能保持平衡的状态。除非主人公克服了阻碍，完成了目标，恢复了暂时的平衡。当主人公处于这种平衡状态时，他/她在克服阻碍的过程中，已经产生了变化，人物在能力和心理上已经得到了成长。

《绝命毒师》中，主人公人物弧光的塑造十分成功，人物的外在与内在的交叉变化揭示了这个人物形象的复杂性。人物的情感与价值观的变化是随着剧情递进式增长的。从人物的外在来看，沃尔特从一个被家庭与现实压得喘不过气的中学教师，变成毒品界数一数二的毒枭。而从内在来看，沃尔特从一个懦弱而善良、处处为家人着想的小丈夫，变成了一个贪婪且为了欲望不择手段但又心存善意、内心复杂的大人物。主人公沃尔特在各个不同的阶段，面临着不同程度的难题。

第一季中，沃尔特的难题在于如何为家庭留下一笔财产以便为家人治疗癌症。他选择制毒甚至杀人都是经过了内心强烈的斗争、在外界事件不断压迫之下做出的选择。这里主人公的选择与其说是主动的，不如说是面对意外的自保。因为平衡的生活状态被打破，而促使主人公不得不做出选择。第二季中，因为心理的变化，主人公面临的阻碍变化了，产生了不一样的矛盾点。这一季，制毒、金钱、权力、地位带来的光环让沃尔特尝到了甜头。沃尔特希望不伤及无辜，又能巩固自己在毒品界的地位,保持金钱、权力所带来的成就感。主人公在此状态下,心理虽渐渐产生裂变,但仍然坚守着尊重无辜生命的道德底线。到了第三季,主人公的道德底线被突破。外部事件的主动攻击,让主人公深深陷入对人性的不信任,突破了心理防线,主动策划谋杀案。而到了第四季,主人公无论是欺骗还是谋杀都能够得心应手了。

《绝命毒师》中将主人公心理历程描述得有理有据,使得整个人物形象饱满而立体,虽然主人公的人物弧光在退化,主人公在经历一个由善变恶的过程,但在塑造整个人物心理和外在变化时,具体事件的推动,人物的行为、动作、语言设计都符合逻辑与情感的发展变化,使沃尔特这个人物变得生动、真实起来,让观众自然而然代入,体验主人公的成长历程。

(3)人物关系

在创作故事时,需要考虑主人公与其他人物的关系。故事是围绕主人公而转的,主人公与其他人物关系清晰,整个故事的脉络才能清晰。主人公与其他人物的关系主要分为两种,冲突关系和非冲突关系。根据书中列举出的人物原型,冲突关系包括正反派对抗关系,非冲突关系包括互助关系、指导关系、相爱关系等。在这些人物关系中,并不是所有的关系始终都保持冲突或非冲突的形式,而是当中略有交叉,只是两方关系的呈现,总体上更加倾向于冲突或非冲突中的一种。

1）冲突关系

冲突关系，一般来说是正反派的对立关系。主人公在故事中一般是正方势力，而与主人公敌对的人物，一般是反派势力。在故事中，正反派双方的力量可以过于悬殊，但在主人公处理阶段性矛盾时，双方力量不能过于悬殊。一方面是逻辑上有要求，若主人公是处于弱势的一方，反派力量是强势一方，反派力量比主人公力量强大，两方力量过于悬殊，但主人公却打败了反派力量，这种以小博大的局面出现一两次也许能够接受，但如果次次如此，观众在逻辑上也许很难接受。另一方面是观众心理需求。如果主人公力量十分强大，而反派力量与之对比则过于渺小，那么主人公打败反派的快感会被极大地削弱，观众的心理需求难以得到满足。

故事在不同情况下都有着不同的处理方式，正反派关系的力量对比一般来说存在三种情况。

第一种情况，反派力量过于强大，主人公力量相对比较弱小。这种情况下，主人公最开始一般不会从正面与反派力量进行直接对立，而是会通过力量的不断积累，增强自己的实力，当与反派势均力敌，甚至超过反派时，才与反派进行对抗，比如哈利·波特和伏地魔。更为明显的例子是《琅琊榜》。《琅琊榜》中主人公"梅长苏"与"梁帝"的势力对比就是比较典型的反派强、主人公力量相对较弱的情况。"梁帝"作为梁朝的最高统治者，在整个梁国拥有绝对的权威，无论兵权还是政权，力量都是顶级的。而相比之下，梅长苏在朝堂上支持的靖王，无论政权还是兵权，力量都较弱。但随着情节的推进，梅长苏与故事中各方对立力量不断斗争，为靖王不断争取政治上与兵权上的支持者，在最终的博弈中，梁武帝终于承认了自己当年犯下的错误，靖王继承王位，而梅长苏也得以沉冤昭雪。

第二种情况，正反派力量相当，反派与主人公共同成长。这种情况下，反派与主角最开始力量都比较弱，但随着情节的推动，双方的力量都获得了成长，势均力敌，反派在斗争过程中甚至可能打败主人公，但在最终矛盾冲突中，主人公会战胜反派，赢得最终的胜利。《甄嬛传》中甄嬛与安陵容的人物关系，是比较明显的共同成长的对立关系。初入宫中，甄嬛与安陵容同为位份比较低的小主，在争斗中，两人同处劣势地位。而随着情节的推进，两人的身份地位都得到了提高，同时能力也在不断加强。甚至，甄嬛被流放到寺庙出家，安陵容在此次斗争中赢了甄嬛。而在之后情节中，甄嬛回宫，身份、地位恢复，能力增强，与安陵容新仇旧恨一起清算，安陵容服毒而亡，而甄嬛走到了最后。

第三种情况，主人公力量强大，反派力量没有主人公强，而后成长为能与主人公对抗的力量。这种正反派力量对比中，最开始反派可能并未显露出对立的属性，而在黑化后，与主人公对立，形成了正反派的关系。《香蜜沉沉烬如霜》中旭凤与润玉是比较具有此种特点的关系。最开始，旭凤作为天兵统帅，前有父亲的看重，后有母族的支持，力量十分强大，而润玉只是排布星辰的神仙。两人势力对比显而易见。在后面的情节发展过程中，润玉经历种种而黑化，开始积累并储蓄力量，获得神仙支持，成为新任天帝。而旭凤成为魔尊，与润玉势均力敌。两人在最终决战中，因锦觅之死而结束争斗。最终，旭凤得到了爱情。

2）非冲突关系

非冲突关系主要指在故事中，主人公与其他人物的关系为不冲突的关系。非冲突关系多种多样，比如亲人关系、朋友关系、恋人关系等。总体上，根据其他人物身份的不同，主人公与其他人物的关系主要分为血缘关系、互助关系、指导关系、相爱关系。

与家人的关系——天然的血缘关系。一般是指故事中家人与主人公之间的关系，这是一种天然的血缘关联。家人当中，有帮助主人公的家人，也有为主人公设置矛盾障碍的家人。但本书中所讲的家人关系更多是指帮助支持主人公的家人，因此将此划分到非冲突关系当中。当然，故事中也存在主人公为孤儿的情况，这种故事中的家人关系较少甚至没有，本书不加以讨论。

与伙伴的关系——互助的关系。这种关系一般是指故事中伙伴与主人公之间互帮互助的关系。伙伴与主人公结伴而行，在主人公去实现目标的过程中，鼓励、帮助主人公。比如《生活大爆炸》里的四个科技宅男，他们一路相互陪伴走过，在第十季里，四个人全部蜕变、成长。《如懿传》中，海兰与如懿的关系是比较典型的互助关系。海兰作为如懿在深宫中的伙伴，无论如懿处于危机之中还是荣誉之时，一直都陪伴、帮助如懿。而如懿，也一直扶持、帮助海兰。

与导师的关系——指导关系。一般是指在故事中，导师指导主人公，让主人公学习到某种技能或受某种启发。导师既可以是让主人公在心理受到启发，而使其做出某种决定的心理导师，也可以是教会主人公某种技能的导师。这是一种比较典型的关系，导师是主人公的师傅，主人公通过导师学习技能，掌握某种能力，发生某种改变。如在《诛仙青云志》中，张小凡与青云门大竹峰首座田不易是比较典型的指导关系。田不易作为张小凡的师父，道法高深，外表严厉，很要面子，对待张小凡表面严苛，内心袒护。而张小凡在田不易的指导下，一方面，法力得到增强；另一方面，心理上也一直得到了田不易的鼓励。

与爱人的关系——相爱关系。故事中，主人公与爱人的关系为相爱关系。因为相爱，主人公与爱人一般相互陪伴，相互帮助。但也有可能因为某种原因变成相爱相杀的关系，即主人公与爱人因为某些事件而产生对立、敌对的关系。比如在美国电影《消失的爱人》中，主人公与爱人就发生了敌斗。虽然爱人与主人公可能存在敌对关系，但在情节发展过程中，两人心理上依然爱着对方，所以故事最后，一般会化解两人之间的矛盾冲突。

3）如何建立人物关联

人物之间的关联是介绍人物背景、塑造人物形象、推动情节发展的重要因素。如何建立人物之间的关联对于故事来说十分重要。那么人物关联是如何建立的呢？以下是建立人物关联的几种方式，可供参考。

天然的人物关联。一般来说，人物与家人天然存在血缘关系，是无法逃避的，不会因为时间、地点的改变而发生变化。但如果主人公设定为孤儿，那么这种天然关联则不复存在。奥尼尔·尤金的戏剧《长夜漫漫》中，家庭成了巨大的牢笼，一家四口在这个令人窒息的家庭里无处可逃，血缘亲情反而成了捆绑他们的枷锁。

因人物的某些特性而建立的人物联系。这种关联是因为人物身上的某种特点与另一人物身上的某种特点有着强烈的关联，从而将两个人物联系起来，并产生人物之间的互动。如网剧《大约是爱》中，男主角卫卿与女主角周是之间的强烈关联。卫卿因为家庭原因留下了心理阴影，一旦与人接触便会全身起红疹，但唯独接触到女主角周是不会起。男主为了治好这种病，终于找到了合适的人。这种非女主不可的人物设定，直接建立了男女主之间的强烈联系，为男女主之间感情的发展做了直接的铺垫。

偶然事件建立起的人物联系。这种建立联系的方式，是通过某种偶然事件建立起来的。人物之间本来没有任何关系，但因为突发事件或偶然事件而联系在了一起。这种联系十分容易建立，因为人物身上发生偶然事件的可能性非常高。但在使用这种方法时也需要考虑人物的设定，要符合人物的内在与外在。《欢乐颂》中，五位主人公的联系，是通过共同居住在一个楼层建立的。这种建立联系的方式十分简单而直接，因为生活并居住在同一个楼层，人物之间必然会发生某些事情，产生某种关系。同时《欢乐颂》中也十分注重逻辑上的严谨。根据樊胜美、邱莹莹与关雎尔三人的身份，她们租住在中档公寓，符合常情；但作为华尔街归国精英的安迪与富二代曲筱绡出现在中档公寓，则存在一定的不确定性。因此在故事一开始，便为安迪设置了临时回国，要求高效的前提，也为曲筱绡设定了要与同为富二代的同父异母的哥哥争夺财产，而故意表现的前提。安迪与曲筱绡之间的疑虑解除，五人住在一个小区的情况就合情合理了。

人物之间关联的建立，可以为人物之后发生的事件埋下伏笔，为人物之间设置丰富的情节以推动人物关系的发展，同时推动故事情节的发展。

4）人物关系需要注意的地方

故事中，虽然人物关系的多样性与复杂度能够增加情节的趣味性与曲折度，但不能为了曲折而设置过于繁复的人物关系。故事中人物可以众多，人物关系也可以复杂，但这些都需要在保证人物关系清晰的前提下进行。整个故事是以主人公为核心，因此，整个故事的人物关系网，也应该以主人公为核心。在下笔之前，应该以主人公为核心连接其他人物，建立起主人公的人物关系网。

一方面，这样可以更加清晰明了地看出主人公与其他人物的关系；另一方面，在故事创作中，如果人物众多，很容易遗忘，建立了人物关系网之后，可以直接从关系网中梳理人物的情况。

（4）人物情感

故事中的事件，有意地设计出将人物的真实面貌展现给观众的情景，建立起观众与故事人物之间的关系，让观众能够在人物身上看到自己的影子，产生移情，与人物共享高兴的、紧急的、危险的、爽快的等时刻的心情，引发共鸣。人物的情感是引起观众共鸣的重要因素，因此在故事创作中，人物的情感设置尤为重要。

人类的情感始终离不开爱情、亲情、友情、晚辈对长辈的敬爱之情，当然还有敌对的情感。这些是日常生活中比较常见的人物情感，本书主要讨论这五种故事情感，其他类型不予多言。这些情感不是天然能够引起观众共鸣的，而是需要创作者进行精密的设计，才能够有效地引起观众的共情。

1）爱情

爱情作为一个永恒的话题，在故事情感中占有重要地位，尤其是在爱情故事中，爱情是推动情节发展的主要力量。时代在变，观众的审美与价值观在改变，观众对于爱情故事中的需求点也在改变。爱情故事的主流观众中女性居多。因此，下面主要从女性的角度，说明爱情故事中女性对于爱情需求的变化。

20世纪80年代，琼瑶的爱情小说风靡整个中国。她的作品中永远充斥着丰沛的感情，她对爱情的表现形式是直观的、强烈的。她对爱情的理解都是真善美的，她认为真正的爱情是可以战胜一切的。在琼瑶的言情小说中无一例外地歌颂了爱情的伟大，爱情的绝对化和神秘化。在她的笔下，小说中的男女主人公都是为爱情而生、为爱情而死的典型，在他们心中，爱情是高于一切的，在爱情的世界中，一切事物都必须为爱情让路。

到了21世纪初，台湾地区偶像剧当道，其中王子与灰姑娘相爱的情节备受观众青睐。偶像剧的女主角往往家庭贫困但心地善良，这基本上是参照美国女作家弗朗西斯·霍奇森·伯内特的小说《小公主》中莎拉为模版创作的，她们不管生活境遇如何，都保持着一颗乐观向上的心。但时过境迁，台湾地区偶像剧已然落寞，王子与灰姑娘的爱情模式也画上了句号。

如今，观众对于爱情的幻想仍然存在，但不再是琼瑶式的爱情幻想。他们不能够完全接受爱情超越阶层、种族，以及爱情能实现人生价值的观点，而是更加清醒地认识到，爱情与爱情之外的生活都很重要。现代职场女性，对于人际关系与社会的复杂性已经有足够的认知，无论生活中还是工作中已经能够独当一面。爱情超越一切的浪漫神话，在现实生活中无法立足。但不相信浪漫神话并不代表不相信爱情，她们在浪漫爱情神话信任危机中有了新的观点。《太阳的后裔》中，柳时镇与姜暮烟的爱情吸引了非常多的受众，一方面，是因为两人之间的互动非常甜蜜，感情线的进展起承转合非常明晰；另一方面，两个角色在剧中对于职业的尊敬、爱情中平等的价值观也是非常吸引人的一大特点。

从爱情故事近十几年的发展可以看出，主流观众对于爱情故事中爱情双方的平等关系、爱情的相处模式，以及希望从爱情中得到的苏点，都产生了变化。因此故事中关于爱情的情感设置需要结合当下受众观念的改变，进行再创造。

2）亲情

亲情指亲属之间的特殊感情。在故事中，亲情一般是主人公情感和生活的支持者。在以家庭为主要背景的故事中，亲情的叙述显得尤为重要。一方面，亲情是家庭中发生的最为平常自然，也是出现频率非常高的感情；另一方面，观众自出生到终老都经历过亲情，对于亲情的理解与感受尤为特殊、敏感。在刻画亲情方面，韩剧做得相对比较成功，并且韩剧在类型细分这一块做得也比较精细，比如家庭喜剧类《搞笑一家人》，温馨治愈类《家门的荣光》《传闻中的七公主》《请回答1988》。因为观众对亲情这种情感体验得比较多，所以在讲述故事的过程中，对亲情的刻画需要体现当代人的特点，重新挖掘亲情对于人生的意义，而不能简单地把现实家庭中的鸡毛蒜皮等琐碎事情原封不动地搬到故事里。换言之，亲情最好刻画，只要创作者观察生活；但亲情又最难刻画，正是因为事件太熟悉，只有讲出新意，讲出深度，才有可能打动观众，而这需要创作者在刻画亲情时有较高的思想层面和认识层面，表现出强大的故事感染力。

3）友情

友情指朋友之间的感情。故事中，主人公与伙伴的感情通常是比较典型的友情。友情能够丰富主人公的情感，一方面可以帮助塑造主人公形象；另一方面也能推动情节的发展，调节整个故事的氛围。

故事中友情可以出现分裂时刻。比如，主人公与伙伴产生意见分歧，发生争吵甚至离开。一般情况下，故事中真正的友情是，主人公与伙伴会因为某个事件最终和好。当然也存在友情就此破灭，老死不相往来的情况。但不管何种结果，都能够增强故事的戏剧冲突，也能够推动主人公情感上的成长。《老友记》就是最好的例证。

4）敬爱之情

故事中，敬爱之情通常指晚辈对于长辈的真挚感情。主人公对于导师一般会持有敬爱之情。因为导师在能力或心理上帮助过主人公，让主人公获得礼物或得到启发。故事中，这种敬爱之情可以是晚辈对长辈的崇拜、感激、敬重之情，这种情感一般都比较庄重正式，在叙述过程中，需要十分注意这类情感的可实施性。

5）敌对情感

故事中，敌对情感通常指处于对立关系的人物之间的情感。敌对情感在故事中不是负面情感，而是一种能推动故事情节发展的情感。主人公与反派之间的敌对情感越强，他们之间的矛盾冲突就越能激化，故事的戏剧性就越强。敌对情感是促进主人公无论体能还是心理上成长的重要情感，是主人公建立目标时十分有效的催化剂。适当运用敌对情感，一方面能够丰富故事内容，增强故事的戏剧性；另一方面也能丰富人物形象，让人物更加真实立体。

6）设置人物情感时的注意事项

人物情感不是静态的物品，而是一个动态、复杂的过程，因此在人物情感的叙述过程中，应该设计一个较为合理的人物情感线。这个人物情感的发展要有一个方向性，即人物的情感是向着好的还是坏的方向发展，或者先向好再向坏，或者先向坏后向好。人物情感是在极好与极坏这一区间来回摆动的。这种摆动幅度越大，人物之间的情感变化就越大。

人物情感需要主次分明。不同的故事类型中，故事主要展现的情感是不一样的，这就需要我们在创作的过程中对主情感和其他情感进行区分，并且需要随时提醒自己，主情感才是这个故事的主角，其他情感可以百花齐放，但主情感一定要合乎逻辑，符合规律，我们要合理安排在其中花费的时间和精力。如在爱情故事中，明显爱情这一情感是故事的主要情感，因此我们需要花费更多的时间与精力让爱情在故事中起承转合分明，富有感染力。当然，这不是说，不重视故事中的其他情感线，而是创作者的时间与精力有限，这样可以使资源利用最大化。

人物情感需要真实。在故事的创作过程中，要深入观察生活、了解真情实感。人物之间情感的塑造不能过于浮于表面，而应该真实自然，真情流露。但对情感的描述也不应该成为无意义的情感堆砌，艺术来源于生活，又高于生活，所以创作者应该学会在了解真实生活的基础上，对情感进行加工。让人物情感既有真实感，又能够克服琐碎与平常。人物之间的情感真实了，观众在阅读故事的过程中才能代入。当观众真正代入了，观众才能随着主人公命运与情感的发展而内心跌宕起伏，这个故事才能真正引起观众共鸣。

人物情感有一个发展的过程。在叙述故事的过程中，所有的人物情感都不是一蹴而就的，每一种情感都有一个积累发展的过程。现实生活中，人与人之间的情感都有一个从陌生到熟悉的发展过程，故事中的人物与人物之间的情感则更需要这样一个发展过程。如果故事中的人物情感不符合人的接受逻辑，而是为了急于表现某个特殊的情感，不加铺垫，不埋伏笔，那么这种情感会显得十分突兀。在下笔之前，建议将主要人物的情感发展线捋顺，这样在创作过程中能减少很多不必要的遗漏，人物之间的情感发展能够更加顺畅自然。

人物情感线需要清晰，不能反反复复，杂乱无章。故事中人物众多，人物之间的关系种类众多，在此基础上而产生的人物情感线也比较多。若对情感线的描述过于繁复无常，情感总是来来回回，循环往复，杂乱无章，很容易让观众产生混乱感。而这种混乱感一旦产生，观众的代入感就会削弱，观众很有可能中途放弃观看。因此在下笔之前，创作者应该清楚地安排好人物情感线的起承转合，尽量避免反反复复、杂乱无章的情况发生。

3. 情节

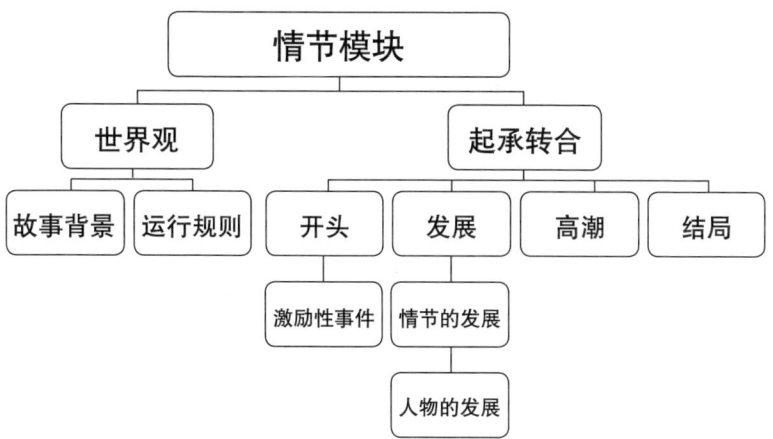

很多创作者认为，设计好故事的人物，而且才思泉涌，就完全可以一泻千里，写个痛快了。千万要打住这种想法，因为故事的三大核心——主题、人物、情节，缺一不可。有些创作者会认为，主题和人物确定好了，抛出一个开头，人物在之前的设计中已经有了一套自己的行事逻辑，那么情节就会顺着人物出场的逻辑自然发展。这种想法存在一定合理性，但在创作故事过程中万万不能如此处理。因为即使人物有一套他/她的行事逻辑，但这个逻辑所能导向的结果也具有不确定性。如果情节只是顺应着人物行事逻辑发展，没有特意安排，一方面，可能会造成故事过于零散；另一方面，情节没有经过设计，很有可能会出现情节不够吸引人、不够精彩的情况。如果仅仅是因为一时的才思泉涌，而让整个故事缺少精彩度，这是得不偿失的。

因此，在设计好故事人物之后，我们需要对故事的情节进行设计。故事的情节设计不是没有规律的。一般来说，我们可以从故事的世界观与故事情节这两个方面来构思整个故事，让故事在整体上有一个框架，这样不会在创作过程中跑偏。当然，在创作前对故事进行谋篇布局，也能减少主线上出现逻辑错误。

（1）世界观

世界观是一个庞大的概念，包括故事世界所呈现出来的政治、经济、文化、价值观等方方面面的东西，因为世界观是一个故事的世界。就如同现实世界一般，需要方方面面构成，才能在观众阅读过程中，营造出一种真的有这个世界存在的真实感，让观众相信这个故事。世界观规则的不同导致很多设定的不同。如在《甄嬛传》里，后宫等级森严，规矩条例极多，人物为人处事、言谈举止都要句句斟酌、步步小心。但是在《龙珠传奇》里，同样是清朝的故事，宫廷中的等级与规矩就明显轻松很多。这是世界观设置的规则不一样导致的。在创作过程中，将故事背景与故事运行规则交代清楚，故事的世界观便完成了大部分，接下来便需要对故事世界进行填充。

1）故事背景

所有的故事都需要搭建起完整的宇宙，这个宇宙为故事逻辑的发展提供合理性，这就是故事背景的作用。

故事的背景主要有四个要素：时间、地点、时间跨度、冲突层面。

时间是故事发生的时代。故事发生在过去、现在、还是未来？当然，故事中也存在虚构的时间描写，即创作者创造了一个架空的世界，这个时间既不是过去，也不是现在，更不是未来。但无论如何设定故事发生的时间，这个时间总是根据创作者的个人经验和个人想象虚构出来的，那么这个时间则会与现实有某种相似的地方。比如架空古代的设定，常常会依据某个或多个封建朝代的特点来锁定，最终我们仍然将其时间归纳为古代。

地点是对故事的空间描述。故事发生的具体地理位置在哪儿？天空、地上还是水里？在哪个城市？这个城市在故事中承载着什么样的作用？故事是发生在室内还是室外？还是说室内室外场景都有？……这些问题都需要创作者在下笔前构思清楚。

时间跨度是故事从开始到最后所跨越的时间长度。电影或电视剧中，故事按集拍摄。故事播放的时间长度是准确可计量的。但故事中人物经历的时间长度与现实时间的长度也许不一样。一个故事可以讲述一个人的一生，横跨几十年的长度；也可以聚焦于某个紧张的时刻，甚至少于播放的时长；亦可以超越人的一生，横跨几百上千年的长度。仙侠题材中，故事的长度经常几百上千年。《三生三世十里桃花》中，甚至跨越了上万年的长度。不过，故事是人物的故事，其所跨越的时间再长，也依然会遵循人物的生活长度来进行度量。

冲突层面是指故事在层级体系中的位置。故事中不仅包括时间、空间这两个能够量化的维度，更包括社会这个维度。因为事件运行过程中，总会与社会产生或多或少的联系。故事发生在社会这个维度的哪一个具体层级当中？是只处于小人物与小人物的关系之中，还是上升到了大群体中？是人物与内心的独处还是与外界的对抗？在各种政治、经济、意识形态以及心理的干预下，故事内容都会多多少少受到影响。

2）运行规则

运行规则，即故事发生在某种背景之下，这个背景世界中所有事物运行的规则是怎样的。这包括政治上、经济上、价值观等多个方面的运行规则。

故事世界的政治是什么？这里的政治不一定是指社会主义、资本主义那样的政治，而是指故事世界中的权力。小到家庭权力，大到社会权力。这个世界的权力组织形式是怎样的？权力的结构是怎样的？这种权力机构是否稳固？人物是否拥有通过某种方式获得某种权力的方法？或者说人物能否进入某种权力结构中？这些都是故事世界的政治需要考虑的。

故事世界的经济是什么？这里的经济是指在故事的世界里，人物通过何种方式能够获得生存资料，以及经济是怎样运行的。故事世界中整个经济结构是何种情况？经济地位如何？人物在经济结构中的位置如何？这些都是世界观的经济需要考虑的。

故事世界的价值观是怎样的呢？这里的价值观是指故事中是非善恶的评判标准。故事中的法律是怎样的？故事世界的图腾是什么？人物持有什么样的信仰和价值观？人物的信念是什么？这些都是设置故事世界的价值观时需要考虑的因素。

一般来说，通过故事确定的时代背景，观众能够根据自身的经验与知识结构对这个世界的运行规则进行合理预判。故事的背景严格地界定并限定了其可能性。虽然故事的背景也许是一种虚构的背景，但并不是创作者任何放肆的想象都能发生在这个背景之中。在任何虚构的背景中，无论创作者的想象力多么天马行空，这些想象都需要符合创作者已经构架好的世界观。

比如，在一个古代历史背景下，我们不可能看到现代的洗衣机、冰箱、空调，因为这是违背时间发展规律的。当然，在穿越剧中，这个也许会发生。但这个故事的前提如果是古代历史背景，这个题材又是非穿越题材，那么这种违背时间常理的事件，在没有突破时间限制的前提下是不可能实现的。

故事必须遵守其自身内在的自然法则，因此，在故事创造过程中，情节的设定局限于所创造的世界的可能性。无论背景有多么复杂，原理一旦确定，就不能更改。事实上，武侠、玄幻故事在世界观的建立上是十分严谨的。也许最开始产生武侠、玄幻这一不存在于现实世界的想象是一个十分巨大的飞跃，但在接下来的世界观构建中，便需要十分严密的设计。所以，我们才能够在武侠的世界里看到各类兵器的排名、武功门派及等级。也能在玄幻的世界中看到各种兵器、宝石蕴含的能力，以及武功境界代表的等级。

故事不是凭空产生的，而是来源于历史和已有经验。观众一开始接触这个故事时，就会用自己已有的知识框架与经验来验证故事规则的合理性。观众会在故事进行过程中自觉或不自觉地提高警惕性，一旦在故事内容中存在与规则相悖或自相矛盾的情节，观众就会立刻起疑，当创作者不能用合理的逻辑解释情节或者创作漏洞时，观众会认为这个故事逻辑不合理，设计不严谨，从而产生否定或放弃的心态。

3）建立故事背景与运行规则的方法

既然故事背景与运行规则如此重要，要求如此之高，那么掌握构建运行规则的方法是十分必要的。一般来说，可以归纳出三种方法：经验、调查研究、想象。

经验可以是我们自己的经验，也可以是别人的经验。我们自己的亲身经验，往往存在于我们的记忆当中，也就是我们常说的对于事件的记忆。别人的经验包括他人的记忆与他人经验的总结。

记忆是我们调动人生经验进行创作的宝库，是我们的亲身经历，我们可以准确地捕捉到记忆中的事件所带有的情感体验。因此，我们使用记忆对故事背景进行构建，更具有感染力。但在使用记忆的过程中，需要注意，一方面，记忆具有不全面性，我们的大脑容量有限，记下来的东西常常不够全面，这就需要一些辅助资料来完善我们的记忆；另一方面，我们记住的东西往往是印象深刻的东西，但每个人的触动点不是完全一致的，我们自己印象深刻的东西，也许跟观众印象深刻的东西有一定的偏差。在构建故事背景的过程中，我们不能因为强烈的个人喜好，而忽略故事背景应有的逻辑，将自己的意志强加进去。因为个人喜好让故事背景在逻辑上存有漏洞，而自己在阅读故事过程中因为个人喜好和强烈的情感也许会忽略背景的漏洞，但是读者没有与我们相同的经历，没有强烈的情感代入，往往很容易发现这种错误。

使用别人的经验，我们可以询问经历此事件的人，也可以使用他人已经总结而成的资料。别人的记忆需要我们收集之后进行整理与总结。一般来说，已经经过资料提供者的整理与总结的资料，收集起来也许更加方便。我们还要查阅资料，了解这个时代的运行规则，但不是说要去了解整个背景的方方面面。一般来说，只需了解与故事情节相关度较高的背景。一方面，全面了解整个时代的背景，对于创作者来说，工作量太大，所消耗的时间太多，很容易在世界观构建过程中望而却步，放弃创作；另一方面，与情节没有相关度的背景，在故事发展中，也很有可能用不上，创作者没必要浪费时间，而是应该留更多的时间进行创作。当然，这里并不反对创作者对背景更加细致地查阅与研究，毕竟背景研究得越细致，背景所营造出来的真实感就越强。这一切都需要创作者有足够的热情。因为故事创作毕竟是一个比较辛苦、漫长的工作，稍不谨慎，很容易让创作者产生疲态或生出其他异样的心理，而错过创作的最佳时期。

调查研究，就是去实地对故事中的一些素材进行收集、整理，并学习。在现代职场剧的创作过程中，编剧往往都会在创作前对行业进行了解，找行业中人进行行业访谈或真实事件调查。用这种针对性比较强的世界观构建故事，调查研究是十分有必要的。在调查研究的过程中，创作者应该注意一点。尽管研究能够提供素材，但素材绝对不能取代创作。对背景和运行规则进行政治的、经济的、文化的调查研究固然重要，但这种研究所得出的素材如果不能指导故事的创作，那么便没有很大意义。故事不是由素材堆积起来的，而是经过创作者认真构思和设计的，有意识地让人物与事件变得生动有趣。

想象在这里其实更像是在经验与调查研究所得的基础

上，对整个世界观有了一定逻辑预设之后的想象。所有优秀的故事其实都发生在一个有限的、可知的世界内。在没有任何思考之前，想象可以天马行空，无拘无束，但一旦想要将这个想象应用到世界观之中，便需要开始对想象进行排兵布阵。在这一过程中，不是所有的想象都能够完全应用在故事中，需要进行一定的取舍。不能因为特别喜欢某个想象的元素，而损害整个故事的逻辑与主线，这样就会破坏故事，使其失去魅力。想象有助于建立丰富有趣的故事世界，能够从感性的方面吸引观众，打动观众。经验与调查研究可能更多地从理性方面对世界观的背景与运行规则进行构架与完善，而想象的加持，则能够从感性出发，拉近与观众之前的情感联系，用审美的情感去吸引观众，打动观众。

（2）起承转合

我们已经用时间、地点、时间跨度、冲突层面对故事的背景进行了界定，同时也为故事背景构建了运行规则。故事背景与运行规则构建了故事的世界观，但要让这个故事丰满起来，需要在故事中填充具有深度和广度的情节。

将故事的世界观构架出来之后，千万不要以为万事大吉了。因为接下来，需要对故事情节进行构思。当我们了解一个故事时，最开始往往听到的都是一句或几句的故事简介，这些简介往往就是故事的情节。根据简介，我们才会做出是否继续关注这个故事的预判。因此，故事情节是吸引观众的关键性因素。

用通俗的话来说，故事情节其实是故事发展的起因、经过、结果。但故事情节若只是简单地交代起因、经过、结果，那么很容易陷入无聊的误区。因此，故事情节需要设计起承转合，经过设计与合理安排，持续吸引观众关注。

而设计情节上的起承转合，首先我们必须对故事情节的基本结构进行了解。故事情节可以分成四个部分：开头、发展、高潮、结局。这四个部分其实也就是故事的起承转合，每个部分都有具体功能与主要任务。开头承担"起"、发展承担"承"、高潮承担"转"、结局承担"合"的作用。

1）开头

开头，即故事情节上的"起"，承担着交代故事背景、介绍主要人物、建立人物联系、设置激励性事件的任务。但在具体展开故事情节的整体构思之前，我们需要对另一个问题进行提前构思。

在构思整个故事情节时，应该先考虑故事情节的整体走向。故事情节总是顺着某个方向前进和发展的，而故事整体走向是需要提前构思的。故事开头的背景介绍、主要人物介绍、激励性事件设置，以及故事情节的发展、高潮，其实都是为故事情节的整体发展做准备与铺垫的。故事的整体走向为故事线的发展提供了一个大致的方向。也就是说，情节的开头、发展、高潮都是围绕故事情节的整体走向而前进的。故事情节如果没有方向，如散沙一般，即使情节描述得再精彩，整个故事也很有可能因为没有方向性而无法成为一个完整的故事。因此，在整体构思故事情节时，思考完开头之后，便需要对故事整体情节走向进行一个提前的判断。这个故事的走向是喜是悲，主人公是否完成了目标，是善良战胜了邪恶，还是贪婪成功地蛊惑了人心，等等，故事情节想要表达的内容不同，情节走向自然有不一样的考虑。这些需要创作者进行具体的构思。

故事背景，即在分析世界观时所说的故事背景。开头不需要交代一套完整的故事世界观，只需要为故事设定一个具体的起点。这个起点包括故事情节的基本时间起点、空间起点、层级体系起点。通俗来说，就是故事发生在什么时候，哪个地方，什么样的社会环境下。

故事的开始，作者需要安排推动故事情节发展的几个主要人物，并展示这些人物形象的某些特性。主人公作为故事的核心人物，需要创作者在开头精心设计主人公的开场，展现主人公身上的部分特性，让观众能够对这个人物有一个大概的认知，并能够接受这个人物。

建立人物联系。一般来说，在故事开头，需要为一些重要人物建立联系或设定铺垫。人物之间的关联可以是正向的联系，也可以是负向的联系，但无论何种关联，都是建立在整个故事逻辑背景之下的，不能超越整个故事的逻辑或世界观，给人物强加关联。关联应该符合整个故事的逻辑与世界观，否则很容易让人出戏。

当我们交代了故事背景、介绍了主要人物、建立了人物联系后，仍然不算完成了故事情节的开头。故事情节的"起"，不仅仅是介绍起点，也要介绍起因，也就是我们常说的这个故事接下来情节发生改变的一个导火索，因为这个导火索，故事发生转折，打破现有的平衡状态，催促着新的故事情节出现，也就是我们所说的需要设置激励性事件。

激励性事件

激励性事件是一个动态的、充分发展的事件，而不是一个让人觉得模糊、不确定的事件。比如，重复上着班的主人公，突然觉得生活一团糟，自己的形象太邋遢，太差了，于是决定换一套新的衣服，换一个新的发型，然后再去上班。这里，衣服和发型可以改变主人公的形象，但并没有改变主人公的生活状态。如果将这个例子改成：重复上着班的主人公，形象邋遢，生活和工作又衰又丧，进公司比较晚的同事已经升职了，自己还在原地没动，加上因为市场的不景气，公司准备开始裁员，自己必须彻底改变。这才是一个激励性事件。

激励性事件必须彻底打破主人公当下生活状态的平衡，让其做出选择与改变。故事开始时，主人公处于一个相对平衡、稳定的生活状态，一切都能够在主人公的掌握之中。这时，突然发生了一个事件，打破了主人公平衡的生活状态，让主人公不得不做出选择。

激励性事件可以向正面发展。如上面面临着被裁员风险的主人公，开始穿戴整洁大方，与碰面的同事打招呼，开始注意工作中的细节，认真工作，全力以赴。

激励性事件也可以向负面发展。面临着裁员风险的主人公，在听到即将裁员的消息后，干脆放弃希望，开始在酒吧买醉，迟到早退，甚至因为生活拮据，借上了高利贷。

面对激励性事件，主人公必须做出回应，刺激主人公主动或被动改变。激励性事件打破主人公当下的平衡状态，这种平衡状态的打破拥有改变主人公当下命运的能力，无论变好或变坏，都会激起主人公恢复原来平衡状态的欲望。主人公内心一旦有了欲望，便能建立目标，不管这个目标是主动建立还是被动建立的。建立目标必然会遇到阻碍，于是情节便很自然地向解除阻碍的方向发展。

激励性事件能够打破一种什么平衡，主人公才能生出欲望来，这就需要深入了解主人公。作者需要从主人公的方方面面入手深挖主人公所面临的环境、情况，挖掘主人公的欲望。这种欲望的安排一定要合乎主人公当下的状态，还要符合逻辑。比如说一个卖煎饼的小哥本来家庭收支比较平衡，生活比较平淡稳定，但因为心爱的女儿突然患病，必须筹集到一笔数目不小的钱款。煎饼小哥产生了一定要救女儿的欲望，决定放弃现在的工作，去从事危险系数比较高的职业挣钱。煎饼小哥因为女儿病重，产生救女儿与挣钱的欲望，这是十分合理的。但如果设计成：煎饼小哥家庭收支比较平衡，生活比较平淡稳定，心爱的女儿突然患病，煎饼小哥产生了一定要亲自学医，以自己的能力治好女儿的愿望。这种情节上的安排就不是很合理。首先，以煎饼小哥目前的学历背景也许无法完成；而且学医是一个漫长的过程，而心爱的女儿患病现在就急需一笔钱，说明此种病症需要及时医治，如果等煎饼小哥学成了，那么很有可能也错过了最佳的治疗时机。上面的例子，也许有点极端，但说明了激励性事件的安排，及主人公面对激励性事件的反应一定要符合故事中主人公世界的逻辑，并符合观众的逻辑。

激励性事件其实是将主人公导向矛盾的一个引子，这个引子可以是偶然性的情节或故事中的特意安排。如《我不是药神》中，促使程勇下定决心去印度贩药的事件是父亲病危，手术费筹不齐。父亲病危的事件属于天灾人祸，不是人物可以左右的事件，这其实是偶然事件。而《动物世界》中，让郑开司登上"命运号"游轮是人为安排的。安德森与推销好友共同设局，郑开司失去了最后的财产，无法再为母亲治病，青梅竹马也面临着被家里逼婚的情景，促使郑开司做出决定的是安德森与推销好友的共同设计。这是人为安排的激励性事件。

激励性事件并非只可能发生在故事的开头，同样可以发生在故事产生矛盾冲突之时，为故事情节的发展进行铺垫。

激励事件必须与故事的世界、故事的人物建立紧密的联系。因为创作者完成了事件的构思，就需要考虑这个事件在故事中的功能。激励性事件是不是能够打破主人公生活的一种平衡状态？能不能激发主人公想要恢复之前的状态？主人公在经历激励性事件之后能不能被迫或主动地建立目标，开始他/她的探索、追求之路？主人公这样的行动能否让观众相信？能否因此为故事情节接下来的展开产生情节上的影响？

在为主人公安排激励性事件时，我们要想一想，在故事设定的这种情景中，主人公身上可能发生的最坏的事情是什么？对于主人公来说，这件最坏的事情怎么处理才能成为好事？只有明白了这一切，在设计激励性事件时才能保证它的实际效果。

2）发展

①情节的发展

悬念与伏笔

激励性事件出现，平衡状态被打破，主人公必须做出选择，主人公因此主动或被动地建立目标。而目标的实现必然出现阻碍，引导故事向一个新的方向发展。而情节向新的方向发展是一个动态的过程，不是一蹴而就的。这当中会有许多的伏笔与悬念来推动故事情节发展。

悬念能够在情节上为观众提供好奇感。悬念是利用未知情节发展趋势令观众感到急切期待的一种表现技法。换句话说，悬念就是一种勾起观众阅读兴趣的方式。

伏笔是指情节前部分为之后铺垫的提示或暗示，在保持情节结构完整严谨的同时，让情节发展出乎意料而又符合情理逻辑。

悬念与伏笔是带动观众、引发阅读兴趣的重要手段。让观众读下去才能最大限度地降低观众的流失，而悬念与伏笔的设置能够有效执行这一策略，其重要性非同一般。悬疑类、侦探类题材就是靠悬念来调动观众的好奇心的，希区柯克是设置悬念的顶尖高手，而阿加莎的"神秘谋杀"系列更是吊足了观众的胃口。

我们经常能听到很多创作者抱怨观众没有耐心，不能持续地关注故事情节。其实观众流失的主要原因在于故事已经不能带给他们阅读兴趣，也就是说故事中没有勾着观众胃口的紧凑情节。这些不是观众的错，而是创作者在叙述和描写中没能掌控好情节走向造成的。

从创作者开始构建故事大纲开始，就要对自己笔下的故事有充分而详细的了解——故事在哪里可以设置悬念勾起观众兴趣，在哪里应该埋下伏笔为之后的情节做铺垫。这些从一开始就要理清，而不是从创作者个人的主观意愿强行出发，心血来潮想到什么情节就添加进去，这会让观众感到突兀并且难以接受。

理解了悬念与伏笔的重要性后，我们该怎么具体执行呢？

这需要创作者熟练掌握构架悬念与设置伏笔的方式和方法，悬念和伏笔在构架故事大纲时就要加入框架之中，而具体落实到故事中需要注意以下三点。

a. 悬念与伏笔的设置自然而不突然

悬念构架最常见的方式有两种：一是给观众提供带有迷

惑性的信息，给出信息但不揭露事实，让观众自己去猜想、脑补；二是以故事人物的心理活动或人物之间的对话来引出疑问。在这一过程中，伏笔的出现，不应过于突然，伏笔不是悬念，不用承担强烈吸引读者的作用，而是用平和的方式进行叙述，让观众自然地接受，但在接下来的情节中产生重要的影响。观众越是觉得前面这一伏笔理所当然，后面揭示伏笔时，恍然大悟的情感体验会越深刻。

b. 悬念与伏笔的设置严谨而前后不矛盾

构架悬念与伏笔时一定要结合故事的具体情节，不能把观众很容易推算出结果的事件刻意设置成疑问。

观众都是敏感且聪明的，故事出现的任何情节都有可能成为他们推理下一步情节的思路。观众在跟随故事情节前进时，大脑本身就会不断思考接下来将会发生的情节，并推断结果。在这种情况下，只有悬念的设定产生想不到却合理的结果时，才会引起观众的兴趣。

伏笔也是同样的道理，不过需要注意的是，在埋设伏笔和揭示伏笔的过程中，要合理安排，符合观众的逻辑，不要让前面的伏笔与后面的伏笔所产生的作用没有丝毫关系，或者说伏笔让观众对情节产生的期待，与伏笔在情节中所产生的具体效果完全相悖或矛盾。这种情况非但起不到加强逻辑性、给观众制造惊喜的效果，反而会让观众产生创作者是否尊重观众的质疑。在电视剧播放过程中，我们经常看到评论者说，编剧不尊重观众智商，很可能是这方面的原因。

c.悬念与伏笔设置合理而不僵化

悬念与伏笔设置得过于刻板、因循守旧、不灵活,也很容易造成观众的流失。这种情况尤其会出现在电视连续剧与网络小说连载这两种故事的表现形式当中。因为电视剧与网络小说都是按集或按章连载的,无法一次性为观众呈现一个完整的故事。在这种特定条件下,创作者需要更加擅于设置悬念。如果能够在电视剧与小说的关键事件中埋下伏笔,或者是新人物的出现,或者是新环境的出现,或者是新情节转折点的出现,都能为观众留下悬念,观众流失度就会大大减少。

戏剧性冲突

开头的激励性事件,让主人公主动或被动地进行选择,有了目标,并决定开始行动。在情节发展中,主人公的行动开始面临重重阻碍,主人公的目标没有那么容易完成。同时,伏笔与悬念的铺垫,让主人公能否解决矛盾,变得更加扑朔迷离。这样故事才能有足够的戏剧张力,让观众情感层层代入,越陷越深,期待故事情节的进一步发展。

戏剧冲突的安排,是为了推动故事前进。日常处理事情的逻辑是遇到问题,分析问题,解决问题,故事也是遵循这一逻辑进行。这里的"问题"即故事的"矛盾冲突"。也许故事中会将矛盾冲突不断扩大来加大解决它的难度,但这是为最终解决矛盾冲突做铺垫,故事问题的难度越大,观众跟随主人公的紧张感越强,就更加期待事件的解决。分析问题其实就是通过各种路径思考解决问题。故事中的主人公面对矛盾冲突，会根据已有的知识构架与经验进行一定的推理、判断。在这一过程中，主人公也许能找到解决问题的方法，也许不能找到，但最终主人公都会做出一个相应的选择，观众也期待主人公做出选择，因为矛盾冲突已在，危机感推动着主人公不断前进。也许主人公的方法最终无法解决问题，那么主人公则需要承担无法解决矛盾冲突带来的后果，可能此时进入低潮阶段。也许采取这一方法，矛盾冲突得到了解决，主人公生活恢复平稳的状态，那么接下来，则需要给主人公安排新的矛盾冲突。当然也有可能主人公在这一方法失败后，立刻采取另一方法进行补救，但可能这一矛盾冲突经过多次的补救，仍然没有解决。未解决的状态下主人公进入低潮阶段，呈现一种相对平稳但负面的状态。此种状态下，需要设定另一个激励性事件，推动主人公解决矛盾。

或者在这一矛盾冲突并未解决的情况下，下一矛盾冲突已经出现，主人公需要同时面对两个或多个矛盾冲突，加深故事的戏剧性表现。在存在多个矛盾冲突的情况下，必须有一个主要矛盾是主人公所面临的最大的矛盾冲突，最亟须解决，其他矛盾则需要相对弱化。一则，主要故事矛盾能够突出重点，主次分明，让情节结构更加清晰；二则，多线发展的故事情节需要有一个主线将其串联起来，这样情节才不致混乱。

在安排故事的戏剧性冲突时，我们总需要考虑，矛盾冲突怎么发生的，矛盾如何能解决，矛盾最终怎么解决。接下来出现一个新的矛盾，再次面临怎么发生、如何解决、怎么解决的过程。故事的情节可以按照这一形式循环。最好的情况是什么？好情况怎么变坏了？坏情况怎么逆转的？故事情节总是在这种好和坏的情况中来回摆动。观众消费故事并不是想要看（虽然观众可能并不自知）情节处在最好和最坏的一个稳定的平衡状态，而是想要享受情节在这两者之间来回摆动带来的那种新鲜感、刺激感。激励性事件带给观众生活在最好和最坏之间摇摆的极端可能性。这种状态是一种戏剧性的变化状态。而矛盾冲突则让观众真真正正地享受这种极致。激励性事件打乱主人公的现状，让主人公的生活摇摆。而矛盾冲突则彻底将这种摇摆发挥到极致，让本来无法平衡生活状态的主人公更加混乱。此时主人公必须做出行动来改变这种混乱的状态。

在安排戏剧性冲突时，对于矛盾冲突的安排需要循序渐进，不能过多地重复相同等级或难度的矛盾冲突。故事创作也遵循回报递减规律：随着数量逐渐增多的一种可变资源与数量固定的其他资源发生组合，增加该可变资源的使用量所能增加的产出比率将最终趋于下降。在故事中，观众对故事中相似等级难度的矛盾冲突体验得越多，就越容易失去兴趣。比如，在宫廷剧中，主人公第一次打败了一个陷害主人公的宫女，主人公的逆盘反转，能够让人获得赢的爽感。但主人公接下来的矛盾冲突安排，如果仍是相同等级的宫女，且心机手段、身份地位背景与上一个宫女没有什么不同，只是换了一个名字，与主人公相冲突，主人公再次打败宫女，仍然能够让人获得爽感，但爽的程度肯定已经不如第一次。若主人公接下来的矛盾冲突，仍然是一个相似的宫女，观众对于这个矛盾冲突就会产生烦厌之感，同样的冲突结构、逻辑和情感体验了三次，很容易消耗观众的兴趣与耐心。因此，在戏剧冲突的安排上需要在程度与新鲜体验上进行设置，不能一成不变。

转折点

当故事的矛盾越来越深，人物的处境越来越危险，矛盾冲突已经到主人公的极限，主人公再也无法用其他的办法来解决矛盾冲突时，或者情节、人物各方面持续保持平衡不变的状态，情节原地踏步，需要新的东西来推动情节时，故事就需要出现转折点，以此来改变此种状态。转折点的出现，既能让情节走向新的方向，又能为矛盾冲突提供新的解决方法，也能够让观众感觉到惊奇：原来矛盾冲突可以发展成这样？转折点出现，原来的必然结果会改变吗？能够改变到何种程度呢？

转折点的出现，为故事增加了新的信息，改变了情节前后的叙事节奏，也改变了主人公对矛盾冲突的解决方式，让原本朝着某个方向前进的情节突然发生转变，也让矛盾越来越激烈，感觉在不可逆转的情况下出现新的机会——增加改变原结果的机会。这种突然的转折点的出现，使故事世界的发展更为丰富，也为解释这个世界提供了多种可能。之前局势越来越危急，节奏越来越紧张，心理上那根弦越绷越紧、可能随时断裂的情况得到了缓解，改变了向着越来越极端方向发展的故事节奏。与此同时，转折点的出现，也让主人公暂时能够缓解对矛盾冲突的焦虑与刻不容缓的直接对抗，为主人公提供一种新的可能，也为故事情节的发展提供一种新的方向。《战狼》中主人公冷锋感染了疫病，这种疫病的治疗方式存在很大的不确定性，同时主人公因为疫病带有可传播性，而被工厂的人集体赶了出来。主人公所处的情况越来越不利，生命越来越危险。生死攸关时，美国援非医生Rachel带着疫苗，给冷锋带来了转机，冷锋因为用了疫苗重新活了过来。这便是《战狼》中的转折点。

②人物的发展

在故事开头介绍了主要人物，也建立了人物联系，故事发展中，情节与人物必须始终相辅相成，戏剧性冲突推动故事情节发展，相应的人物也需要发展。由于主人公是整个故事的核心人物，因此故事发展中，首先需要考虑主人公的发展。

主人公的发展

主人公在情节中的发展，主要包括主人公在情节发展中的外在表现和内在成长。

主人公外在表现包括身份地位、能力等在情节中的进展。身份地位的进展，即人物在故事背景中的身份地位的变化。

在发展的过程中，人物身份地位可以发生变化，也可以不发生改变。但一般来说，在这一阶段，人物的身份地位会发生多次变化。如《甄嬛传》中，甄嬛由最开始的大家闺秀，变成后宫之中的常在，身份随着矛盾冲突的发展而发展，后来还有过贵人、嫔、妃、庶人等身份，身份地位改变较多。能力上的发展，主要是指人物在武力、智力、调动资源等方面的变化。《琅琊榜》中，主人公梅长苏的身份地位虽然在发展过程中一直是盟主与背后谋士，智力值一直在线，但其调动的资源有了改变，从最开始的调动江湖势力，到后来能够在朝堂上调动各种势力，甚至产生更大的影响。

人物的内在成长包括人物心理上的成长弧光和知识架构的成长。知识架构的成长也就是我们常说的眼光的成长。人物心理上的成长弧光，是指人物在面对矛盾冲突时，心理由相对不成熟到相对成熟，并得到成长的过程。主人公在处理矛盾冲突的过程中，增加了阅历，获得了经验，从中丰富了自己处理事情的方式，扩大了新的知识范围。这些是人物的内在变化，无法通过人物的外在看出来，但可以通过人物处理之前与现在事件的方式的不同看出来。

人物关系的发展

故事发展中，不仅人物的内在表现和外在表现会发生改变，有一定进展，人物之间的关系也会有一定进展，新的人物会相继出现。

新的戏剧矛盾与新的情节点的出现，会带动更多人物的出现。因为新的矛盾冲突出现,主人公的对抗性人物也会出现。而对抗性人物往往不是一开始就会全部出现,因为事件开始时容量有限,随着故事向前发展,大量的人物才会相继出现。人物的出现一方面是为了更好地推动故事戏剧性冲突的发展,丰富故事情节;另一方面也是为了丰富人物关系,塑造主人公的形象。

故事开头设置了主要人物的出场,并建立了人物之间的关系,而激励性事件以及矛盾冲突的设置,让情节更加复杂,人物关系自然需要产生相应的变动,来承接更为复杂的故事内容。当然,也存在人物关系简单、情节复杂的情况。故事一开始,人物的关系相对简单,新出场的人物较少,但随着情节的发展,对人物的介绍会越来越详细,情节带动更多的时间与空间来描述人物的背景、经历、性格特征等,与此同时,也会出现更多的人物,故事线更加丰富。

人物数量变多,人物关系更加复杂,这些都推动了整个故事情节的发展,让整个故事朝着更为复杂、更加深入的方向发展。而主人公在情节中陷入越深,就越不可能摆脱矛盾冲突的束缚,需要动用更多的力量去解决矛盾冲突。

3)高潮

故事开头交代了背景,介绍了主要人物,建立了人物关系,设置了激励性事件打破主人公的平衡状态,因此,故事发展、矛盾冲突则不断升级,让情节与人物都朝着强有力的方向发展,同时为情节发展埋下更大的伏笔,为故事的高潮做铺垫。

高潮其实也属于故事的矛盾冲突，而且是故事中最大、最激烈、最为危急的矛盾冲突。当主人公陷入真正的两难之境，且必须做出选择，要么一无所有，要么就此摆脱时，这个选择对目标的最终结果产生的作用一定是决定性的。

高潮其实不是一蹴而就的，而是需要经过开头与发展的层层铺垫完成的。在发展的过程中，激励性事件让主人公必须改变，建立目标，而目标的建立一定会遇到阻碍，此时主人公便陷入矛盾冲突之中。要跨过这些矛盾冲突，主人公必须想尽办法，通过提高自身或利用外物等解决这些矛盾冲突。如果矛盾冲突解决，主人公的外在与内在会产生显性或隐性的各种改变，主人公自身获得进步，为之后解决更大的矛盾做准备和铺垫。如果矛盾冲突没有解决，当主人公遇到了更大的矛盾冲突时，主人公要想完成目标则需要更多的任务，以此解决更多的矛盾冲突。矛盾冲突数量上的积累与质量上的提高，其实是在为最大的矛盾冲突做铺垫。因为观众在看到一个又一个的矛盾冲突之后，心理就会产生解决更大矛盾冲突的预设，内心隐隐期待主人公下更大的赌注，面临更艰难的选择，最后不得不全力以赴。因为现实生活是平淡、重复且琐碎的，当观众开始阅读或观看时，希望能够从故事中获得更集中、更激烈的反应，更加强烈的冲突与背水一战，观众便会更想知道主人公与矛盾如何对抗，如何转劣势为优势，如何反败为胜，最终战胜对抗者。《战狼2》中的高潮部分其实是男主人公冷锋最终与国际雇佣兵"老爹"的对决。在这个最终对决之前,冷锋先经历了非洲某国的内战,他与雇佣军对抗解救中国医生,解救钢铁厂工人,在这一层层难度不断升级的矛盾冲突中,冷锋最终遇到真正的最大的对抗者——戴恩,两人的对抗关系到生死存亡,也关系到整个工厂人员的生死存亡,冷锋只能拼尽全力,没有退路。在一层层难度不断升级的矛盾阻碍中,冷锋终于战胜了戴恩,获得了胜利。

高潮是全局最为精彩最为突出的部分,若是不能给观众以最强烈的震撼,无法在观众最期待的地方给予足够的满足感,那么观众对于整个故事的印象就会是情节平淡、没有看点,甚至可能看完就忘,哪怕故事的开头与情节进展、矛盾冲突十分完美,都无济于事。因此若高潮部分的矛盾冲突不能满足观众最高的心理预期,那么观众很容易产生心理落差,觉得故事说得不尽兴。

这种期待是因为前面的情节中,观众已将自己代入了故事,以主人公的视角观看整个故事,认同主人公,并在情感上与主人公共情。在发展部分,主人公接受重重考验与阻碍却能够次次化险为夷,观众在这些情节中感同身受。但到了高潮部分,若因为矛盾冲突安排不够激烈,主人公解决起来过于容易,观众可能认为这个矛盾冲突根本没有出现的必要,因为它既不紧张也不难,即使解决了也无法有干成大事的成就感。若矛盾冲突难度不够高,而身经百战的主人公仍然以一种十分复杂的方式解决矛盾冲突，这会让观众觉得主人公能力并没有多么强大，容易丢失对主人公的代入感，而一旦放弃对主人公的代入，便会开始对主人公人设不认同。一旦这种不认同的心理出现，之后主人公即使犯一次很小的错误，敏感的观众也会将其无限放大，观众的心理预期就更难满足。

故事高潮需要谋篇布局，无论是情节上的还是情感需求上的都需要精心设计，满足观众的情节期待与情感期待。高潮是故事的必备场景，从人物关系建立、激励性事件发生开始，观众可能就在期待这一场景的到来。他们迫不及待地想看到主人公遇到了怎样的最强大反派力量。这个反派的对抗力量越强大，主人公就要采取越激烈的行动与越积极的方法来反击，为自己完成最后的目标做出最大和最后的努力。

所以在布局高潮时，一方面，我们需要让高潮的矛盾冲突最大化、最激烈化，为主人公设置的目标难度越高，主人公下的赌注就越大；另一方面，我们在高潮的情感处理中，要控制节奏，不能一味地追求更高、更强，因为一直强，便是一直平。要控制节奏，要学会使用欲扬先抑、抑扬顿挫的手法，在设置观众共情点上，掌控其情感节奏。

4）结局

结局即故事的矛盾最终解决的情况如何。在故事的结尾发生了什么事？人物是生是死？成功了还是失败了？赢了还是输了？结婚了还是离婚了？一般来说，要解决问题，一是交代高潮中矛盾冲突的解决结果，二是展示高潮效果的影响。

高潮中矛盾冲突的解决结果，即高潮中主人公与最大矛盾冲突对抗的最终结果如何。主人公是否战胜了最大冲突？对抗过程中是否有巨大损伤？重要人物都安全生存下来，还是在对抗过程中，有重要人物去世了？这些都要在结尾处进行交代。故事开头便要考虑故事的结尾，为整个故事确定方向，而故事的结局则是呼应故事开头，明确这个故事的最终走向。

故事结局也可以展示高潮效果的影响。很多故事都是在高潮结束后，把对人物或事件产生的影响作为故事的结局，即最大的冲突矛盾解决后，主人公或其他人物的生活状态有了一些变化。比如在电影《西虹市首富》中，故事的高潮部分是女主被人绑架，男主被绑架者勒索1000万元救出女主。而男主却要去完成一个月花10亿元的任务，勒索事件的出现打破了男主的计划。这个最大矛盾的最终解决方法是，这是老爷子为了考验继承人能否继承百亿财产设的局，最终，男主选择了女主，为了救女主，及时将钱送到。但故事并没有因此结束，故事最后，男女主一起环游世界，决定将继承的财产捐出去，在男女主吵吵闹闹中，故事画上了句号。

故事结局当然也存在第三种可能，那便是故事重新开始铺垫。在影视剧中，我们常能看到在这一季完成后，还有第二季、第三季……前一季中，故事的结局可能解决了高潮中的戏剧性冲突，也可能没有解决，为影视剧的下一季做铺垫。如《战狼2》中，电影高潮是冷锋打败了雇佣军的头目，将被困在非洲工厂的工人解救了出来。但故事并没有因此结束，在故事的最后，一通电话告诉冷锋，他的女朋友在当初被派去非洲工作时并没有牺牲，而是被人抓去，陷入了困境，无法逃脱。电影就此谢幕，但电影最后的镜头中留下的故事悬念并没有解决。从这个明显的悬念设置中不难看出，《战狼2》一开始便没有准备将这个故事完全结束，而是有了拍下一部的打算。

Part2——感性判断

1. 故事魅力

现在，我们完成了故事主题、人物与情节的构思，终于可以松一口气了，因为故事的整体框架与逻辑已经清晰地展现在我们眼前。我们完成了故事设计所需要的所有流程，现在只需要我们动手写作，便能将这个故事叙述出来。虽然说我们也能够迅速通过故事框架，寻回记忆，但怎样让故事更有魅力，脱颖而出，与众不同呢？笔者研究了大量的故事与故事理论，总结了三种增加故事魅力的方法，从人设、题材、情节结构上分享一些思路。

（1）人设上增加魅力

人物作为故事的推动者与执行者，在情节发展中的作用不言而喻。人物对于读者来说既是代入者，又是体验者。增加人物的魅力，也是增加故事的魅力。一般来说，增加人物的魅力有以下几个方法。

逆向思维，即用与正常思维相反的方式设定人物，这种设定可以是人物的内在背景与外在特征。逆向思维的设定，往往能增加故事的戏剧性，让本该顺着正常逻辑思维的人物形象颠覆，产生一种与众不同的效果。在故事中，我们经常能够看到经济实力一般甚至拮据的人因为某种原因而扮作有钱人，也经常能看到丑小鸭变白天鹅的情节。网剧《惹上冷殿下》中，女主人公"陈青青"的人物设定一反常态，一个白富美不以真面目示人，而以又穷又丑的面目来到注重颜值与钱财的明德学院。而男主人公也一反审美常态，面对以美丑两种不同面目示人的女主人公，反而更喜欢丑态下的"陈青青"。这种逆向思维的人物设定一方面比较新颖、猎奇，可以勾起观众的观看兴趣，另一方面也能让情节产生不一样的化学反应，戏剧效果强烈。

特性加强，即顺应人物特点，通过某种方式将人物的某种特征合理化、放大化或缩小化。在《香蜜沉沉烬如霜》中，女主人公锦觅的人设是常见的"傻白甜"。"傻白甜"人设在影视剧和小说中屡见不鲜。而《香蜜沉沉烬如霜》为锦觅加上了服用陨丹、断情绝爱的设定，让锦觅的"傻白甜"有理有据。既增加了这个人物形象的"傻白甜"特质，也增加了人物和情节的趣味性，成为故事发展的一个关键点。

人物多重人格设置，即人物拥有多种人格、多重身份。这种设置常用于灵魂互换、多重身份、多重人格等故事中。多种人格的设置，增添了人物的神秘感与戏剧性，常常产生让人意想不到的效果。如小说《使徒：迷失者的续命游戏》中，主人公本是一个生活比较繁杂的普通三流演员，却因为身为警察卧底的双胞胎哥哥的突然昏迷，而开始以哥哥的身份扮演卧底的角色，进入毒枭的圈子，随时面临生命与精神崩溃的危险。这种为人物安排新身份的设定，十分具有神秘感与冒险感，带着读者在一个新的世界中体验冒险。《双世宠妃》中，女主人公拥有两种身份，一个是温柔贤淑的曲家小姐，一个是大胆开放的现代人。两种极具反差的身份造就的两种不同性格融合在一个身体内，让这个人物更加具有新鲜感，同时又增加了趣味性，在有趣与悬念中推动着故事情节向前发展。

（2）题材上增加魅力

故事题材上增加魅力，即为故事的世界观、背景增加新的内容与魅力。这种魅力的增加往往需要丰富的想象力，或对某种领域的专业知识十分了解。

开拓一种新的世界观，也就是构建一种新的世界观，这种新世界观的建立需要非常丰富的想象力，同时需要强大的逻辑能力，去构建一个集历史、政治、经济、道德、文化、种族、人文环境、规则秩序等于一体的新世界。强大的逻辑能力，可以通过不断的学习、调研而获得，那种突然灵光一闪，创造一种新世界的想象力可遇而不可求。如快穿文这一类型的兴起。

快穿文是由穿越小说延伸出来的文学体裁，基本要点是，主人公由于某种原因从其原本生活的年代离开，穿越时空，带着任务或系统，到了另一个时代，在这个时空中展开一系列活动，结束之后前往另一世界进行下一场活动。这种新世界观的设定往往是一种新的类型的发明，需要强大的逻辑力与想象力，极难遇见。

设置新颖的故事背景，即将故事设置在一个比较新颖且有一定门槛的背景当中。设置在一种新的环境中，具有强烈的新鲜感，能够引起读者的好奇心。但新的背景设置，需要作者拥有这种背景的专业知识，因为当这种背景被应用得较多时，便不再是新的故事背景。具体例子如2016年的电视剧《微微一笑很倾城》，将游戏电竞融入爱情偶像剧中。游戏在当时的电视剧中还极少专门讲述，《微微一笑很倾城》不仅获得了超高点击量,同时也直接拉动了剧中所引用的《梦游江湖》与《倩女幽魂》这两款游戏的月流水，在当年造成了一定的轰动效应。游戏元素的加入，丰富了故事情节，同时也增加了故事的多重戏剧性。

《西部世界》世界观的设定也非常新颖。设置了在高科技成人主题乐园中,有着模拟真人的机器"接待员",能让游客享尽情色、暴力等欲望的放纵,这就是被称为"西部世界"的未来主题公园。在这里,人工智能机器人与真实的人别无二致,她们根据程序的设定,永远重复着相同的剧情,然而接待员某一次突然发现自己只是作为故事角色存在,因此想摆脱乐园的控制。剧中用很多篇幅对这个主题做出了讨论:人工智能是否能够成为人?人和人工智能的界限(非生物学上的)又在哪里?

"西部世界"有一套法则,与人类世界秩序截然不同,她们的存在只是为了众人的娱乐。这部剧中存在着两个世界——现实世界与虚拟世界。现实世界是真实的人类世界,虚拟世界则是"西部世界"这个主题乐园。这种一真一假两个世界的设定本身就带有新鲜感。

一方面,"西部世界"与现实世界拥有各自剧情线的世界观的设定让人觉得十分新鲜,故事充满未知数与谜团,能够勾起观众的好奇心与探知欲,给观众一种与众不同的新鲜刺激的体验。

同时,剧中为"西部世界"设置了上帝的角色——创作出"西部世界"的两个工程师。工程师对于"西部世界"的设置,是为了能够促进机器人自我意识的觉醒。

另一方面,这样的世界观中,未来人工智能自我意识觉醒的高科技设定,十分烧脑,自带悬疑推理属性。与此同时,这样的设定带有对科幻类型的终极思考:机器人是否能像人一样独立思考？当人工智能发展到一定程度的时候它们能否突破自身的既定程序成为一个"人"？既满足了对于烧脑高科技的想象力情节的需求，又探讨了人工智能是否能够思考、人类极度享乐主义的结果、人的自我意识从何而来等问题，剧集的高度与深度共存。

（3）情节结构上增加魅力

情节结构上增加魅力，即故事的讲述方式增加魅力。故事讲述方式有顺叙、倒叙、插叙、补叙、分叙等。在这几种叙事顺序中，可以加入新鲜的叙述元素，在情节结构上，让故事多元化，同时增加故事情节的戏剧性，让故事更加具有张力。

如在《长安十二时辰》中，采用交叉蒙太奇的方法讲述故事，同一时间段，多线叙事。小说以半个时辰为一章节，张小敬、李泌、异域教徒三线交叉发展，营造了一种紧张、神秘的氛围，增加了故事的戏剧性。

如《三生三世十里桃花》中，讲述白浅与夜华的三世爱恋，用三世为故事设置了三个世界背景、三段人物恋情。三世纠葛，延伸了爱情的长度与深度，前世今生的爱情碰撞也更加缠绵悱恻，人物之间的关系更具有张力，而人物的形象因三世塑造也更加具体，深入人心。

电视剧《结爱·千岁大人的初恋》中，前半段讲述人物前世的恋爱发展，后半段讲述人物现代的故事。前世故事背景为现代做铺垫并解释原因,现代的爱情故事与前世部分相互呼应。半段前世、半段现代的结构不仅没有将故事割裂,反而加强了两者之前的联系,互为因果,达到了双赢的效果。

2. 用户兴趣

吸引用户的兴趣,需要从读者感受方面去构思故事。观众是故事的最终接受者,观众感兴趣,故事才算有效。而从现在娱乐环境多元化的情况来看,观众的注意力有限,如何持续吸引观众的兴趣非常重要。故事的吸引力可以从故事的风格与审美、故事内容、故事语言三个方面进行总结。

(1)故事的风格与审美符合目标用户

用户审美不是一成不变的,用户尤其是主流用户,因所处的时代背景与环境不同,有着代际的变化,其对故事的需求点也会产生变化。故事最终会传达给用户一些审美情感。主流用户的审美和风格调性发生变化,对故事内容的需求也会产生变化。

在故事风格上,处在不同时代的用户对于故事风格的审美会不同。例如青春疼痛文学在 21 世纪初十分流行。那时互联网并不发达,而"80 后""90 后"整体的生存环境没有上一代的大动荡,相对安逸。他们青春期来临,身体与思想产生巨大改变,但每天要面对的是比较重复、单调的校园生活,青春的荷尔蒙需要宣泄,青春疼痛文学所描述的人物跌宕起伏的人生、人物细腻的情感能够引起他们的共鸣。现在，互联网的使用以及"80后""90后"用户逐渐步入社会，娱乐多样化、信息易于获取、社会复杂、用户情感的体会以及情绪的宣泄可以通过多种方式表达。青春疼痛文学原来所持有的华丽的辞藻、情感的细腻表达、伤感的文字风格反而容易被现在的用户认为是情感扭捏、无病呻吟。今天的创作者在创作吸引青春期受众的作品时，势必不能用青春疼痛文学的风格。

在故事人物上，因为审美的改变，故事中人物所传达出来的审美情感也需要改变。十几年前，爱情剧《情深深雨蒙蒙》中缠绵悱恻的爱情吸引了一大波用户，深情男主角何书桓在当年也备受追捧，成为无数少女的梦中情人。但现在，如果将何书桓设为偶像剧中的男主角，结果会很糟。因为"何书桓"这个人物在剧中表现出的对感情的三心二意、不确定的爱情观，正是目前大家不认同的爱情观。这种审美情感的变化不是个体的变化，而是整个市场的变化，女性意识在觉醒，对于爱情的看法与观点更加独立与理智。此时再用三心二意、犹豫不决的男性爱情观来打动女性，十分不合适，而且也过时了。

故事情节上，用户对故事桥段所表现出来的审美也发生了变化。十几年前，癌症、车祸、爱人变兄妹是爱情剧中常用的桥段。这三个桥段中无论哪种都能够让故事中的人物命运产生巨大的改变，情节发生巨大的转折，有效增强故事的戏剧性。时过境迁，当初让大家惊奇、喜爱的桥段，如今稍有不慎就会成为大家吐槽总结的重灾区。一方面，这些桥段用户初尝会有新鲜感，过度频繁使用同样的桥段，容易产生疲倦感；另一方面，用户对于故事不仅有感性的审美需求，如今也开始重视理性审美。癌症、车祸、爱人变兄妹如果能够合理设计，融入新的元素与玩法，用户也许能够接受，但若是桥段一成不变，情节存在的合理性与故事逻辑的严谨度就会遭到用户的质疑。

（2）故事的内容吸引人

1）设置相应情节点满足用户需求

用户看故事，主要是为了从故事中体验与众不同的人生。故事想要持续吸引用户的注意力与阅读兴趣，则需要在情节上做文章。故事最开始，往往离高潮比较远，但情节若是平稳不变，没有任何惊喜，很容易让用户产生放弃的想法。因此，用情节上相对应的情节点的设置来引起用户兴趣或调动用户情感十分有必要。情节点是某个事件打破了人物所处的平稳状态，使故事情节朝着另一个不可知的方向发展。人物与情节的不可知性，往往会勾起用户去猜测接下来情节是什么的兴趣，并调动其情感。

举个例子，女主人公打车回家这样的情节，如果只讲述她打车然后到了家，那么这就只是一个平常的无效事件。即使作者在这当中安排女主人公睡觉、清醒、玩手机、从睡到醒等，虽然主人公动作增加了，但仍然比较平淡、无聊。如果此时安排一个情节点来打破这一状态,则会产生不一样的效果。如女主人公像平常一样打车回家,睡了一觉,醒来时却发现车子即将逼近悬崖……这便是一个情节点的设置,逼近悬崖,让这个故事陡然生变,女主人公的生命安全受到了威胁,会让人想要了解她将如何应对,是谁设计的逼近悬崖,她能否逃脱。这个时候情节会有很多种处理方式。

女主人公清醒后猛然发现车子正在逼近悬崖,全身被绑得严严实实,而开车的司机竟然是绑架者,扬扬得意,正准备制造女主人公车毁人亡的现场。但女主人公突然挣脱绳索,告诉绑架者自己早已知晓,这是在引蛇出洞。然后举出关键证据,将反派一网打尽。反派多年筹谋毁于一旦。这样的情节安排往往是爽点的设置。

又如女主人公清醒后猛然发现车子正在逼近悬崖,司机位置已经没人,而刹车也已经失灵。此时,男主人公从天而降一掌拦住了逼近悬崖的车。这是苏点的设置。

又如女主人公清醒后猛然发现车子正在逼近悬崖,这地方荒无人烟,在即将到达悬崖的地方,而车子突然停了,一把枪指向了女主人公的脑袋。这是悬疑点的设置。

又如女主人公清醒后猛然发现车子正在逼近悬崖,女主人公呼天抢地要停车,而司机师傅仍然淡定前进,女主人公正准备跳车,打开车门时却发现前面只是一个悬崖的广告牌。这是笑点的设置。

爽点、苏点、悬疑点、笑点等的设置是面对不同的情节点时采取的不同的解决方式。情节点的设置,本身能引起用户的注意力与阅读欲望。如果情节点的解决方案设置得比较成功,就会使用户阅读兴趣更加浓厚,持续吸引用户的注意力。但真正吸引用户的情节点会随着代际变化、时代不同而有所改变,用户的口味与偏好不是一成不变的,情节点的设置也需要与时俱进。

2)故事内容忌过度教条化

故事有表达主题、弘扬某种精神的作用,但应该通过故事内容向用户传达,而不是直接、僵硬地说教。好的故事情节给用户带来不一样的情感体验,让人身临其境,感同身受。大部分用户阅读故事的心理预设是娱乐——通过故事中的主人公,体验不一样的情感、经历。故事可以向读者宣传、弘扬某种主题与精神,但首先应考虑故事的娱乐性,因为娱乐是人的天性,而学习与说教往往是反娱乐的。如果想要传达某种极强的带有目的导向的主题与精神,那么应该通过更加精密的情节设计、人物设计来表达这种主题。

如想要表达勤劳勇敢这个主题,不应该在文字上直接陈述人应该勤劳勇敢,而应该通过正面或者反面的例子对比,比如人物A因为做事勤劳勇敢而得到了好的结局,人物B因为过于懒惰猥琐而结局惨烈。两种情节进行对比,用户自然能够明白其中缘由。需要灵活运用各种方式来讲述内容,而不是生硬地说教。

讲故事过程中,忌语言过度僵硬和教条化,始终以一个长者、高人一等的态度讲故事。创作者与用户的关系，不是老师与学生的关系，而是讲述者与聆听者的平等关系。讲述者是故事的上帝，构造了一个丰富多彩的故事世界，主导着情节发展。但讲述者不是听者的上帝，听者有权选择在任何时候离开。故事讲述过程中，情节上的稍微不精彩或错误都非常容易遗失用户，生硬的说教语言，更容易让读者感到无趣。

讲故事过程中，忌情节过度僵化。这种情况稍微不小心就会发生。在叙述故事的过程中，因为已经有了某种结局的预设与结果导向，所以在情节发展的过程中，常常僵硬地推动故事一板一眼地向着预设的结局发展。这种情况需要特别注意，如果一开始便已经预设好了结局，那么在下笔之前，便应该清楚地构思好整个情节发展的起承转合，前面的情节铺垫让读者能感觉到发生这种结果是必然的，即要能够自圆其说。而不是在叙述过程中直接走向结局，连创作者自己都不能说服，更不可能说服读者。

讲故事过程中，忌人物叙述过度僵化。在讲故事过程中，不能因为一开始已经为人物设定了个性便抹杀了人物的特性。好人也可能在某种情境下做了错误的事，坏人也可能做好事。不能因为人物是主人公，便将其描述得事事完美，没有瑕疵，过于完美化的叙述反而可能使得人物没有特点，或者让人物非常不真实，难以让观众代入。

（3）故事的语言吸引人

故事的表现形态多种多样，小说、剧本通过文字，戏剧通过场景，影视剧通过镜头来呈现故事，虽然它们表现故事的载体不一样，但所有的故事都需要通过语言进行传达。观众的注意力需要去吸引。有的故事能够寥寥数语将人吸引过去，有的故事短短几句便能让人捧腹大笑，这些既要靠故事的魅力，也依赖故事语言的精彩度。语言包括故事的对白、环境描述，以及语言风格。因此在故事中应注重这三方面的表达。

对白不是对话，人物对白在故事中承载讲述故事的作用，需要创作者精心安排。真实的日常对话往往琐碎、散乱。常常存在语法结构不规范、停顿、反复重复的现象。而故事中的对白则需要更加简约、具有方向感和目的性。对白要简洁，过多的重复或长篇大论式的啰唆极易消磨观众的注意力以及耐心，从而使其放弃观看；对白需要方向。对白是人物之间摩擦火花、产生出新的情节或表达某种情绪的媒介，能够将故事导向某种新的节拍当中。对白要有目的；人物的对白需要完成一个任务或多个任务，围绕想要表现的核心，来推动故事发展。因此，对白不能过于散乱、啰唆，因为过多的重复会让人厌倦。对白需要设计与安排，听起来像是日常生活对话，但其实饱含创作者的思考与设计。

电影与戏剧或多或少能够通过视觉来表现故事的环境，而小说与剧本则只能通过文字描述来让读者想象环境。环境一方面展现故事所处背景，另一方面能够营造出某种氛围。成功的环境描述往往十分具有代入感，观众能够感同身受，如同故事中的体验者一般，细腻地感受环境中的每一个"风吹草动"。环境想要让观众有代入感，就需要展现出能够触动人的细节。通过不同细节的分层次多方面铺垫，观众的感受才会越来越真实，而后开始相信，只有相信了所展现的环境，那么才能自然而然生出代入感。

语言风格不是一个镜头或一句台词能够简单展示出的，而是对整个故事所用语言的一种高度概括。语言风格不是吸引观众继续阅读下去的决定性因素，因为风格不对人物与情节产生决定性影响，而且每个观众对风格的喜好并不是完全一致的。有的喜欢幽默有趣、有的喜欢严谨严肃，有的对古风古色情有独钟，有的偏爱夸张张扬。虽然风格不对观众去留产生决定性作用，但在把握故事整个语言风格上还是需要一定认知的。风格不能违背故事所要表达的情感。如果故事是讲述给人带来痛苦的某个灾难时刻（除非刻意反讽），所要传达的情感是悲痛，那么便应尽量避免用诙谐搞笑的风格来讲述。如果语言风格所展示的情感与故事内容所展示的情感完全对立，很可能会让故事内容垮掉。

三、什么是好故事?

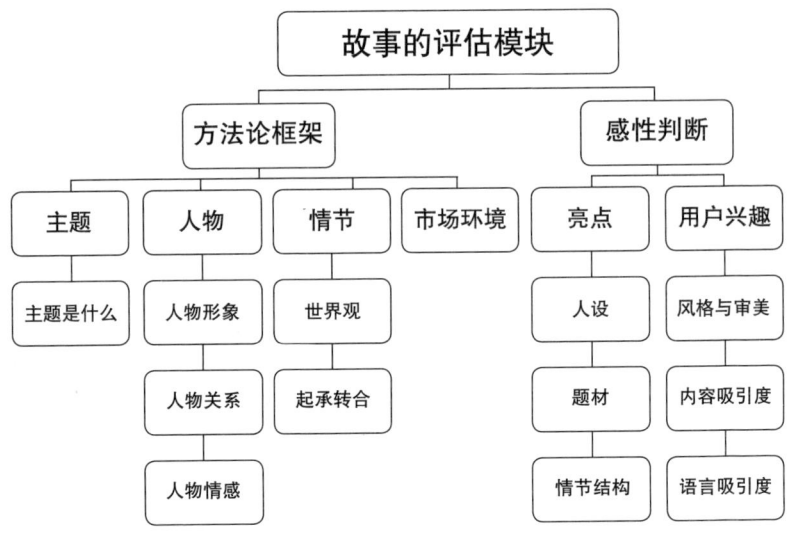

虽然说一千个人眼中有一千个哈姆雷特,判断故事的好坏也千人千面,但真正好的故事是能够获得大家认同的。尤其是在如今 IP 改编比较普遍的情况下,对故事进行评估尤为重要。创作故事可以从方法论框架与感性判断两方面入手,判断一个故事,也可以从这两方面入手。

方法论框架角度,从主题、人物、情节、市场环境四方面出发。

主题是故事的整个价值观的提炼,所以故事主题必须正确。正确的主题是指故事要规避封建迷信、落后、暴力、色情等不正确的主题。

人物需要从人物关系、人物情感、人物形象等方面进行

什么是好故事？

评估。首先，故事中的人物关系要清晰。这包括故事中正反派力量对比要恰当；主人公与对抗者、伙伴、导师、爱人等各种人物关系不能混乱。故事中的人物情感能够引起共情，尤其是侧重某种情感的故事类型，这种情感要能够打动人心。如偶像剧里的爱情要能打动人心，家庭剧里的亲情要能够让人感动。如韩剧《请回答1988》中成功地叙述了温暖的亲情、邻里街坊小市民传统的爱情与友情，观剧时这些情感常常能让人热泪盈眶。

情节需要从故事的世界观、故事的起承转合等方面来进行评估。故事的世界是现代的还是古代的？是职场还是权谋？这个世界的运行规则是什么？故事里设置的世界观能否自圆其说？故事的运行规则是否前后矛盾？故事的起承转合，即故事的开头、发展、高潮、结尾，要逻辑清晰、严密。故事节奏方面要考虑故事的节奏是否符合故事内容，如一个强逻辑、强推理故事，节奏拖拖拉拉，这显然就不符合故事内容。故事矛盾冲突也是需要考量的。故事中主人公最大的矛盾冲突安排是否合理，是否符合逻辑。主人公的阶段性矛盾冲突安排也需要合理，不能前后矛盾。故事中的矛盾冲突安排一般是先易后难、先小后大的顺序。

市场环境方面的判断，即在评估故事时，以市场上同一类型的故事为参照。在 IP 改编中，相似的故事结构与人设在同一时期或相近时期接连播放，会导致这种类型过于频繁。在第一部、第二部中出现也许是蓝海，市场空间未知，可能对这一类型的需求保持增长，但如果这一类型过于频繁地出现，蓝海则易变成红海，竞争激烈，且观众一而再、再而三地接受同一种没有任何创新的类型，容易产生疲倦感。因此，在 IP 改编评估中也需要从市场环境的角度进行考量。如从 2015 年的网剧《盗墓笔记》开始，盗墓题材红极一时，之后电影《神龙诀》更是将此类题材推向了高潮，但到 2017 年，市场同类盗墓题材竞争越发激烈，暑期的《鬼吹灯之黄皮子坟》与《牧野诡事》的口碑与流量都没有达到预期。当然，内核强的故事即便在红海竞争中也能胜出，但是风险更高，要求更高。

感性判断的角度，即根据故事是否吸引观众去判断。这可以从故事的人设、题材、情节结构是否有亮点，故事的风格与审美、故事内容是否吸引人，故事语言的吸引度三个方面进行评估。人设、题材、情节结构是否有亮点，一方面，指故事赋予了人物、题材、情节结构一些或新鲜或有趣或反差等亮点，一下子能够抓住观众的眼球；另一方面，人物、题材、情节结构本身的发展逻辑需要正常合理，不能为了情节的戏剧性而过度夸张。故事的风格与审美要吸引观众，故事的风格就要符合现在观众的审美。主流观众群体在发生改变，观众的审美也在发生改变，故事的风格与审美不能一成不变。故事内容是否吸引观众，主要从故事情节点的设置来看，即故事的悬疑点、爽点、苏点、笑点的设置是否合理，是否能够引起观众的认同。同时，故事更多地承担娱乐属性，而说教带有强烈的学习属性，过度说教会干扰娱乐的效果。故事的语言是否吸引人，是指故事的对白与语言风格的吸引度，是否更加注重观众的直观感受。

四、2018 年优质影视剧案例分析

故事最重要的内核是主题、人物、情节。这些重要元素是否足够鲜明、完美、有特色，是用户选择是否继续聆听故事的重要因素。让用户"上瘾"，让他们愿意在故事上面投入时间和情感，这是故事制胜的关键。

故事的呈现形式需要不同的载体：有以文本为介质的小说、戏剧，有以音频为介质的广播剧，有以图片为介质的漫画、真人漫、图片剧，有以现场表演为介质的舞台剧、话剧，也有以视频处理技术为介质的影视剧。影视剧是故事的重要呈现形式，也是最具有大众传播价值的故事体裁之一。

在互联网飞速发展的今天，因网络技术的成熟，网民的覆盖率大、网络平台的综合实力提升，区别于传统电视台的电视剧和院线发行的电影，影视剧大类型还衍生出了网络剧、网络大电影等子类型。

因影视剧最终输出的平台和介质不一样，政策审查的标准不一样，主要面对的受众群体的细分差异，电视剧和网络剧、院线电影和网络电影，在内容形式上也会有一些微小差别。不过，输出的平台最终只是媒介差异，多一种传播渠道，影视剧的传播范围就更广泛，所以大成本制作的作品一般会选择台网同发。

影视剧的原生内容来源主要为 IP 改编，包含小说、漫画的改编，完全为影视剧定制的故事剧本。通过 IP 改编的影视剧故事，一般都是相对成功的原生态的小说、漫画。它们在一定垂直领域获得了粉丝或者行业专家的认可。改编此类作品的明显优势就是可以通过扩大传播渠道和改变传播形态，将好故事的价值发挥到最大。

本书主要以影视剧的形态，以当下最新最热的IP改编影视剧为案例，来分析故事的制胜关键。2018年，中国的影视剧市场出现了很多表现不错的作品——《扶摇》《延禧攻略》《香蜜沉沉烬如霜》《沙海》《如懿传》《你和我的倾城时光》《正阳门下小女人》《大江大河》《惹上冷殿下》等，以及在岁末上线的《知否，知否，应是绿肥红瘦》等。

笔者着重挑选了三部在2018年完结的、从IP改编过来的影视剧作为我们的分析案例，它们分别在市场最火热的不同垂直领域取得了2018年第一名的好成绩。它们是2018年古装神话爱情题材冠军剧《香蜜沉沉烬如霜》、2018年男性向冠军网剧《沙海》、2018年青春校园爱情冠军网剧《惹上冷殿下》。

这三部剧无论是在观众市场的反馈方面还是专业领域的评估方面，都获得了认可。为了得到第一手客观真实的核心创作资料，笔者拜访了这三部剧的核心主创人员，向他们学习，希望将这些优秀故事背后的成功经验提炼出来，给故事创作者提供一定帮助。

《香蜜沉沉烬如霜》——出彩的人物塑造

《香蜜沉沉烬如霜》在 2018 年 8 月 2 日上线,江苏卫视、爱奇艺、腾讯视频、优酷等全网同步播出,是 2018 年爱情题材里绝对的冠军爆款影视剧。自开播起,连续多日收视率破 1,始终保持 52 城、35 城、全国网同时段收视第一,强势领跑 2018 年暑期档。网络播放量也同样令人惊艳,剧集开播上线 15 分钟网播量破亿,之后以日播放量近 5 亿的速度不断飙升。截至 2018 年 12 月 31 日,网播量达 149.5 亿。该剧也拿下了多项影视剧大奖:

1. 微博年度热剧
2. 微博影响力剧集
3. 腾讯年度十大观众选择剧
4. 艺恩 2018 年度最具价值剧集
5. 中国电视剧制作产业协会 2018 年度优秀剧目
6. 金河豚奖最佳剧集项目
7. 指尖剧集榜最具移动影响力电视剧
8. 牛耳奖年度现象级电视剧
9. 金鲛奖 2018 年度十佳网剧
10. 2018 年度微博电视剧大赏人气剧集
11. 北京日报影视榜样 2018 年度总评榜人气剧集
12. 酷云 2019 文娱责任影响力年度电视剧

……

同时,《香蜜沉沉烬如霜》的总制片人刘宁也获得了艺恩2018年度最佳剧集制片人、指尖剧集榜最具影响力剧集操盘手等奖项。

以上奖项,均来自专业领域的认可和用户实打实的票选。依此可以看出《香蜜沉沉烬如霜》获得了2018年B端和C端双向认可,是文学价值、商业价值和社会价值三赢的成功作品。笔者采访调研了众多"香蜜女孩"(该剧粉丝代号),她们说《香蜜沉沉烬如霜》给予的欢笑和感动,伴随她们度过了很多孤独难熬的时光。每当生活遇到困苦,就会重温《香蜜沉沉烬如霜》,感受故事的轻松快乐,纯粹勇敢,然后收获力量。

一部优秀的文娱作品,不仅是作为生活的调剂品给予用户美的享受和体验,更应该肩负起社会正向价值引导使命,给予人温暖,激励人前行。从自媒体持续居高不下的热度来看,《香蜜沉沉烬如霜》是一个现象级产品,它的故事深深打动了人心,创造了一种独有的"香蜜"情绪。

从专业的创作层面来看,《香蜜沉沉烬如霜》无论是人物设置、剧情节奏,还是主题价值观和故事亮点,都有非常专业的经验值得故事创作者学习。《香蜜沉沉烬如霜》成功的背后,是一群对内容兢兢业业的幕后英雄,在大家看不见的漫长时间里,以"敬畏之心"对内容精雕细琢。笔者专门拜访了《香蜜沉沉烬如霜》总制片人刘宁,向他请教了《香蜜沉沉烬如霜》背后的创作过程。

因为故事主要由人物推动,人物的塑造是故事里最难以把握的要点。此章着重从人物设置上分析《香蜜沉沉烬如霜》成功的制胜点,以供各位创作者学习参考。

(1)人物形象

1)人物性格鲜明、各具特色、无重复设置、差异化明显

什么样的人物是超级人设?《香蜜沉沉烬如霜》总制片人刘宁这样总结:"第一,要具备鲜明的特点;第二,要与其他类似题材的角色能够产生差异化;第三,这个角色跟你本剧当中的其他角色能够产生极大的反差。达到这几个因素,就能形成一个好看的角色。"

《香蜜沉沉烬如霜》不仅成功塑造了锦觅、旭凤、润玉这样的超级人设主角,穗禾、天后、月下仙人、扑哧君、邝露等角色也各具特色,让人印象深刻。

综观全局,从故事内容来讲,但凡对情节有推动作用的几乎所有人物,都具备差异化。他们的核心特质和对情节的出力方向,没有任何重复。同为天帝之子,"旭凤"和"润玉",一个傲娇柔情,心思坦荡,霸道又单纯;一个翩翩君子,心思缜密,沉稳又隐忍。一个像火,一个似水。在仙力的外在呈现上,与人物的内部性格差异呼应,编剧给予了他们较大

的差异化设置。而同样作为反面人物代表的穗禾和天后，虽然一样得心思歹毒、不择手段，但人物目标是完全不一样的。穗禾代表的是畸形的爱恋，为了得到爱情不择手段。天后代表的是极端的亲情和对权势的欲望，为了扶持儿子上位不顾一切。作为亲密关系的陪跑人物，扑哧君的身上充满矛盾，但始终有自己的原则，对爱情拿得起放得下，对养母的报仇计划既有妥协又有自己的底线。而邝露却是沉默的永远陪伴。

他们都反映了社会群像，每个人都切合了当下社会里最具代表性的一群人，呈现了整个社会的价值观。而又因主要剧情需要，为了推动主要人物的成长，每个人的展现都有浓墨重彩的一面，但主次分工明确又详略得当、各得其所。

从故事外在来讲，主要人物针对市场上已有的类似题材，不仅在服装、化妆、道具上具备差异化，在人物特质和激励事件上也有所创新。爱情故事题材主要的受众群体是女性观众。平凡的女孩得到不平凡的爱情，收获优秀的另一半，是爱情故事里大家追求的所谓"爽点和苏点"。《香蜜沉沉烬如霜》女主锦觅的角色设置,既延续了过往爱情故事里女主"傻白甜"的平凡设置，又以服用"陨丹"这样的激励事件和道具的介入让她的"傻白甜"符合逻辑,让大家既"苏"和"满足"的同时，又让人物更具戏剧冲突和差异化，有助于锦觅的人设塑造。

在原著小说里,"陨丹"除了开篇介绍,再次出现已经是在锦觅刺杀旭凤以后了,故事已经到达高潮,很难在前期完全让观众去真正理解锦觅的"不知情爱为何物"。但是在影视剧里,刘宁团队将"陨丹"的设置做了艺术化处理,伴随着锦觅的每一次动情,直观地呈现了锦觅内心情感的变化和她的抗争。

刘宁介绍:"'陨丹'的直观突出设置,是为了避免在前期剧情中,女主过度地不知情爱招致观众反感,又可以通过'陨丹'的每一次发生作用'开裂',去直观呈现女主感情线的变化,让人物的表现符合逻辑,让用户可以去理解、心疼和喜爱锦觅,让人设更加立体。"

2)巧用事件、台词、细节塑造人物,立住人物形象

《香蜜沉沉烬如霜》把小说的人物完全盘活,呈现了令人难忘的锦觅、旭凤、润玉等戏剧形象,主要胜在巧用台词、事件和细节去刻画和突出人物特质。这样的好处是顺其自然,让观众能够在不知不觉中产生好感。很多小说和影视剧,都惯用铺陈大量的描述去刻画人物。这很容易造成创作者认为达到了效果而观众不明所以的状况。

旭凤的人设是骄傲尊贵又柔情的战神,又是天帝之子,母族势力强大。他的第一场戏就是凤凰涅槃,第一句台词就是对不知所措的锦觅说"下立何方小妖"。通过这六个字,观众一下子就代入了,并对旭凤的身份产生想象:卓尔不凡的尊贵身份。

随之旭凤与锦觅的感情产生变化，旭凤第一次对锦觅萌生了"爱意"。被众星捧月惯了而第一次初尝爱情滋味的旭凤，误会锦觅也心仪自己，于是大胆地尝试了第一次"示爱"：向锦觅展示自己的战利品——各种神兽怪物的尸体样本。

这一情节创造了大量的搞笑素材和包袱，让观众忍俊不禁。这样处理，使得骄傲而战功显赫的战神，在爱情中却呈现一张单纯呆萌的白纸形象跃然而出。这不仅产生喜剧效果，也让旭凤与出场时"高贵骄傲"的霸道人设形成反差。而锦觅在此处的表现和内心独白，也正好彰显了"陨丹"作用下"不知情爱"的单纯可爱。两个人的互动更具有戏剧效果和笑料。这样的小事件在人物形象和人物关系塑造上的效果，胜过千言万语。

在润玉的"悲情"塑造中，求爱不得、不敢索取的情绪刻画迅速让观众对润玉移情。一句"无妨爱我淡薄，但求爱我长久"的台词也成为大家心疼他、谅解他的重要戏剧点。仅仅是这么一句话，就展现出了润玉在这段三角关系里的被动地位，和个人情感上的隐忍与渴望，直接将人物内心的渴望描述得淋漓尽致。

刘宁总结，台词和事件设计，都是创作者需要花功夫的地方。台词一定要符合人物的主要气质。编剧对旭凤在小说中的部分对白做了取舍，有些对白在影视剧里并没有呈现，而有一些对白却被强化了表现力，增加了表达效果。原著里旭凤的人设，有一小部分的"邪"，这容易把角色带偏离了，并削弱人物的力量和故事的张力,所以改编时需要编剧按照影视剧设定的方向进行加工。例如,小说里旭凤曾经对锦觅说过两次"我一定会杀了你",在电视剧里就取消了。这样做的目的就是防止观众对人物的移情和情感代入走向反向。

3)人物拥有强烈的欲望且符合人设

深植于内心的欲望,才能推动人物突破一层层阻碍实现变化和成长。综观《香蜜沉沉烬如霜》,每一个人物都有鲜明的特点,都有深刻的欲望或多个欲望目标。

锦觅的目标是分阶段的。从她的第一个小目标走出花界"水镜"去找大罗神仙,到"想要和润玉退婚嫁给旭凤",到高潮部分——"报仇""拯救旭凤",再到最后"和旭凤相守"。每一个目标都推动着锦觅的个人情感变化和成长。如果锦觅不具备这样的目标,那很多事件和情节在故事里就无法展开,观众的移情效果就会大打折扣。例如,锦觅想走出花界的目标,是为了得到更多的"灵力"。"灵力"在小说里的设置,只是修炼所需。但是在影视剧里却做了强化处理,让大家觉得锦觅不断索要"灵力"更加符合逻辑,而且增加了"重情重义"的人设魅力。比如,为要救好朋友肉肉,以及偿还扑哧君的救命之恩损耗的灵力。这样的锦觅,不断去索要"灵力",因为要修炼"灵力"而滞留在旭凤的栖梧宫,就显得合乎情理和善良可爱了。

再如,旭凤的终极欲望是与锦觅的爱情。他的人设和成长背景都符合他为真爱可以放弃身份的设定。旭凤从小养尊处优,被众星捧月惯了,权力在他眼中并不稀奇,所以他把与锦觅的真爱当作最大目标,符合逻辑,并不会让人觉得他是一个纯粹的"恋爱脑"。而润玉则不同,多年孤独和不被重视的庶子身份,让他在第一阶段非常渴望得到锦觅的爱情,所以锦觅也是他一直存在的目标,但却不是唯一甚至不是最重要的目标。因为他身后有"丧母之痛",更有凄惨的童年经历。而他最大的仇敌是实力强大到一人之下万人之上的天后。这样的背景下润玉想要成为"天帝"去报仇的目标,符合人物逻辑。

4)人物三观明确,符合观众审美

我们应该为每个人物建立自己的价值观。基于不同的价值观,每个人物的立场不同,他们针对同一事件,会做出不同的反应,而这也是产生戏剧性的地方。故事的主角,是一定需要传递出一个正向的价值观的,绝不能让观众对主角的价值观产生怀疑和排斥(除非专门的反面教材主角)。

有时候因为戏剧冲突,主角在外在事件的迫使下会有一些看似脱离和违背价值观的摇摆不定,这时候就需要一些"合理性"的解释,让观众不会对主角的价值观产生怀疑。锦觅的角色,因前期的"断情绝爱",在旭凤和润玉之间,有过一些看似模糊越线的处理。如果拿捏不好,在观众心目中很容易产生锦觅"三心二意""脚踏两只船"的印象。而这两种印象都是非常负面的价值观,非常容易招黑,导致观众弃剧。而"陨丹"的设计,从服用、开裂、被修复到最后吐出,让这些看似有违锦觅单纯、善良和对爱情忠诚的设置，变得有因有果，符合逻辑，更不会动摇女主的三观而让人设崩塌。

而旭凤和润玉在爱情中的结局，一个喜剧一个悲剧，也是《香蜜沉沉烬如霜》对于爱情价值观的一种选择。"你从未算错，只是我从未算过罢了。"——旭凤的这句对白，是他对于爱情真诚的态度，是大家之所以爱他，是这个人物之所以可爱的最重要的原因之一。这句话也表达了整部剧的爱情观取向，以及所有人对爱情真诚的期待和向往。如果这个结局发生逆转，故事里的主人公人设都会坍塌，故事的主题存在偏差，那大家对此剧的喜爱程度将大打折扣。

（2）人物关系

1）人物关系脉络清晰，对抗势均力敌

锦觅、旭凤和润玉的三角关系之所以好看，是因为他们建立了足够强烈的对抗关系，而且势均力敌。全剧也按照这样的三角对抗和联系，编织出了全剧的人物脉络。以锦觅为首的伙伴关系（扑哧君、肉肉、老胡等）、亲族关系（花界众芳主、水神、风神等）、对抗关系（天后、穗禾等）；以旭凤为首的伙伴关系（鎏英父女等）、亲族关系（天帝、天后、月下仙人等）、对抗关系（魔界魔王等)；以润玉为首的伙伴关系（邝露父女等）、亲族关系（簌离及扑哧君等）。而旭凤和润玉的关系，是全剧最大的对抗关系。

"一部剧里,不一定只立住男一女一的角色,其他人物也一定要立得住,主角的对抗人物一定要和他一样强大,才足够好看。"刘宁再次强调了之所以铺垫很多润玉角色的需要,是为了给男主建立势均力敌的对手,让整个情节的对抗能够足够有戏、好看。如果一方过强,而另一方过弱,就没有办法对主角的成长产生真正的阻力,故事也就缺乏戏剧效果了。

2)人物关系节奏策略性推进,张弛有度

《香蜜沉沉烬如霜》里最让观众难忘的是锦觅和旭凤在人间历劫那部分。在原著小说里仅是一篇番外《红尘劫》,且发生在锦觅和旭凤的婚后生活中。而影视剧里却花了将近17集去介绍这一故事,而且是在观众留存最重要的剧集中间。

人间历劫部分无论是对于锦觅、旭凤两个主角情感的走向,还是对整个剧本的节奏,都起到了至关重要的作用。因为在历劫中他们确定了彼此的心意,让观众看到了最想要的"苏点",且在历劫后实现了实质性关系进展,两个人真正对彼此交付了全部,没有让观众等得太久。

"《红尘劫》部分的设计,是想让他们轰轰烈烈地去爱一次。如果没有人间历劫这部分,一定要等到锦觅吐出'陨丹',两个人才能相爱,这个时间过长,现在的年轻人都喜欢有一点点甜。你不能一直在酝酿,却没有什么实际进展。所以我们做了很多观众调研,有一点点甜,有一点点事件发生,做了当下很多年轻人喜欢的元素。"刘宁对人间历劫部分总结道。

实际上,人间历劫部分还有一块值得学习,就是节奏的"快"与"慢"的分寸感。《香蜜沉沉烬如霜》团队之所以把番外放大放前,是因为互联网时代,每个人的耐心都在降低,"移情别恋"的成本非常低,如果没有相对较快地满足观众想要的,就很容易流失观众。但如果过快,又容易打乱故事本身的节奏,让观众不明所以。所以《香蜜沉沉烬如霜》团队在保证主情节的原有节奏上,提前安排了这样一场历劫故事抢占观众的心智。

刘宁介绍:"节奏感要张弛有度,既不能让大的爽点来得太慢,也不能让细节过去得太快。你要让观众接个电话,回个微信,再回到剧情里,还能接得上,也还能看下去。"

《香蜜沉沉烬如霜》是一部值得被喜爱,更值得被尊重的影视剧。它不仅实现了 B 端创作者、出品制作方和采购方的价值,更实现了观众价值和社会价值,打造了真正的爆款。

一部优秀的作品,离不开对内容始终怀有敬畏之心的优秀制作团队。观众看到的是《香蜜沉沉烬如霜》无穷的欢笑和泪水,但背后却是刘宁团队至少几百次的观众调研和接近两年的精雕细琢。通过拜访得知,仅开篇的前 10 集,刘宁团队就剪了 20 多次,每一次都邀请至少 30 名目标观众进行观赏评鉴,再根据他们对于演员、服装、化妆、道具、情节等的打分和评估,不断优化调整,最后才完成前 10 集的内容制作。

他们不仅针对内容本身做观众调研，还会研究观众当下最喜欢玩的自媒体平台和时尚潮流走向。《香蜜沉沉烬如霜》之所以比其他影视剧能够产生更高的话题热度，能制作出真正符合目标观众喜爱的内容，也来源于制作团队本身就深谙年轻人的社交法则。他们在观众的把控上，在素材的选取上，甚至在最后的宣发上，触角已经深度延伸到年轻人聚焦的微博、抖音等自媒体平台，实打实地从观众中来，再回到观众中去。

在此，向各位喜欢《香蜜沉沉烬如霜》的观众透露一个好消息。刘宁团队正在紧锣密鼓地筹划"蜜糖三部曲"系列，致力于为观众打造更多高甜的好故事。第一部是《香蜜沉沉烬如霜》，接着要上线的就是第二部《冰糖炖雪梨》，讲述了"速滑少女"棠雪在大学里重逢了"冰球男神"黎语冰，两人在追逐冰上梦想的过程中，收获真挚爱情的故事。

（3）人物情感

《香蜜沉沉烬如霜》的人物成长和情感变化符合逻辑。

如果人物一直一成不变，那么故事的冲突和戏剧效果就没有办法展开，再创新的题材、人物或者世界观，观众都很容易陷入"审美疲劳"。观看《香蜜沉沉烬如霜》里的三条主要人物线：锦觅经历了6次成长，旭凤经历了"入魔"，润玉经历了"黑化"。

而其中对原著改动最大、争议也最多的要属润玉这个角色。在原著小说里，润玉的戏份要少很多，而影视剧里，作为和旭凤"势均力敌"的对抗人物，为他做了很多背景、内在和外在形象的铺垫。他个人的成长线和情感变化线，是非常清晰的。

润玉的第一场戏，不同于小说中是在锦觅的天宫与其相逢，而是在凤凰的第一次涅槃中，保护凤凰缉拿凶手。这展示了润玉在最初是一个善良的爱护弟弟的兄长形象。

他的个人成长和情感变化，是从善良到被伤害爆发，再到复仇黑化，最后到自我救赎回归。在整条情感变化线上，最大的爆发点是他的丧母之痛，及锦觅的"心有所属"，导致他由善到恶，实施反击。

而他在故事里黑化的体现有三大点：一是他修复了锦觅的"陨丹"，让动情的锦觅与旭凤再次失之交臂；二是以旭凤对锦觅的感情做赌注，拿下天帝之位，逼死天帝天后；三是为爱引发天魔大战。

尽管他做了所有这一切，但网络上对他的心疼远远多于讨伐。这就是因为刘宁团队在做影视化设计的时候，对这个人物的背景、童年伤害、丧母之痛等，都做了铺垫和交代。这让润玉整个角色的"黑化"符合逻辑、合乎情理，让人心疼。而大家探讨润玉基于锦觅，爱和利用到底哪个更多一些。润玉为抢锦觅而用禁术发起天魔大战，又因锦觅之死，实现了自我的救赎，主动惩戒自己，让大家看到了他的真爱。这一点上，润玉突破了黑化，完成了最后的一次转变，回归善良。这样的润玉，"黑化"得可恨、可怜，又可以被理解。

"润玉本身是一个很善良的人。他的身世很可怜,这样的反转才让大家更容易接受。为什么润玉变坏了大家还是喜欢他?因为他坏得合理。如果前期不做铺垫的话,他直接修复锦觅的'陨丹'的时候,大家就会讨厌他。从他的童年身世,从他对锦觅的爱是利用还是真爱,制作团队都做了铺垫,包括对凤凰的兄弟情的铺垫。这些都是让大家知道他不是一个真正的坏人。他是因为受到了很多不公正的对待。天后对他的打压、天帝的不信任、他的庶子身份等各种因素,让他做的一切都在情理之中。

"剧里面一定要有反派,但是真正的纯反派是不讨人喜欢的。坏人要坏得合理和可爱,最后还要有反转,让他能够从善,才能够让大家真的喜欢这个角色。润玉这个角色,很多人觉得我们给他的戏多了,其实只是在为他的合理性填充东西。旭凤作为男一,价值观要正,人设不能塌掉,就不能反转和腹黑。那润玉就必须承担起反派的角色。"

刘宁这样评价对润玉的改编目的。

(4)创作团队经验分享

刘宁团队在影视内容上的运作非常专业、敬业、认真。秉着学习到的优秀经验应传递给更多人的心态,笔者除了向刘宁请教《香蜜沉沉烬如霜》内容制作上面的专业知识,还就作品影视化、IP选择、影视剧的制作等专业问题与刘宁一起进行探讨,并做了整理,现分享给大家。这些都是创作者和影视采购方关心的核心问题。

1)关于很多小说创作者,在写的时候就想以影视化为目标去创作问题

作者在创作过程中,先不用想往影视化上面去靠的事情。看小说和看剧本是两种体验,小说影视化是需要一个过程的,因为作者和编剧还是有属性差异的。影视剧的最后画面感形成,涉及很多方面。比如,它有很多镜头语言,需要用画面讲故事。比如演员的演绎、服化道等,都要统筹考虑。如果作者在创作小说的过程中,就按照影视剧的思路去思考,那这本小说就脱离了它本身的形态,两边可能都做不好,作品也会不好看。小说创作者,要先考虑怎么创作人设,把人物设置明确,做好差异化,让世界观合理,把故事讲得动人。给作者的建议是,该是什么形态就是什么形态。在该有的形态中做好,不能为了兼顾影视化,而影响小说创作。

2)什么样的小说长度适合影视化

小说的影视化处理,和长度没关系。主要是故事本身讲清楚。

3)关于故事定位,很多创作者想同时抓几个类型重点的问题

《香蜜沉沉烬如霜》的关键词:高宠、高甜、高虐、再高甜,一直有非常清晰的定位。在本身角色有很大反差下,故事做了更大的差异化,围绕关键定位,让观众的心情随之波动,

这样才精彩。如果什么都想要，什么都要抓，那就都不能做到很精。如果观众看到你的故事，内心很平静，这个肯定不行。

4）关于观众的情绪把控

你一定要让观众代入到情绪当中。情节是为情绪服务的。电视剧对与错，都在情绪上，情绪如果不对就拍错了，情绪一定要到位。

5）关于创作，作者怎么做好题材类型选择

古装、玄幻等类型，各种题材一定都有一大波固定观众群体。只要这个类型好看，大家就一定会看。笔者认为，选择一个题材，首先要确定类型，观众群体是存在的，是足够体量的，后续重点就看你的创作、制作是否精良了。没有看到只靠题材胜出的。大家可以在某一块题材上真正想清楚，做精，不用拘泥于题材，最重要的是本身要擅长要适合。不能哪块儿火去做哪块儿，或者一味想着去找新题材取胜，新大陆很难找的。无论编剧还是创作者，不能看哪个火就去写哪个，重点看自己擅长的是哪一块。

6）用互联网思维做影视剧

传统的电视剧做法是 B2B 模型，传统的宣传目标是被终端满意，商业模式是交与平台售卖成功。但现在我们要用互联网思维去做影视剧，一定要注意 C 端观众感受，要多考虑市场和观众。电视剧已经不再是一个传统的行业了，它已经具备互联网属性，它是兼具 To B 和 To C 的一个媒介。《香蜜沉沉烬如霜》最早的时候，在 To C 上做了很多工作。爆款一定要注意C端，要对市场和用户敏感。《香蜜沉沉烬如霜》在这一点上做的就很到位。如何不让观众流失，如何不让观众去拖拉进度条快进，如何让观众保持住自己的节奏。观众突然间接个电话回个微信还愿意继续看下去，还能够接上，这些都要考虑。

7）关于IP选择的问题

《香蜜沉沉烬如霜》第一次连载是2007年，已经是10年前的小说，但它本身具备合理的故事和合理的世界观以及合理的人设。最初大家可能会认为《香蜜沉沉烬如霜》并不是顶级的IP。但是我们认为没问题，因为以上几个要素它都具备，有改编的价值。改编中，我们保留了90%的小说内容。选择IP，除了以上几个核心要点，我们评估的还有改编的可行性，这个是效率问题。一个作品之所以形成一个IP，一定有它可取的地方。但在跨领域的时候，一定要看基础结构是否合适。

《沙海》——持续高能的剧情设置

《沙海》于2018年7月20日在腾讯视频上线，第一集单集点击量破4亿。截止到2018年12月31日，骨朵影视数据显示，《沙海》总点击量达56.4亿，是2018年男频项网剧点击量第一名。

《沙海》根据南派三叔的同名小说改编，以《老九门》与《盗墓笔记》中的关键人物为线索来发展新的剧情。《老九门》中的张日山与《盗墓笔记》中的吴邪，都对《沙海》的剧情起到了一定的推动作用。同时，《沙海》延续了《老九门》中九门复杂的家族关系，并加入了汪家的恩怨情仇。而《沙海》也延续了《盗墓笔记》中吴邪与张起灵的关系，吴邪布局的目的大部分是为了给"张起灵"报仇。《老九门》《盗墓笔记》《沙海》三部作品相互联系，而又各有所重，形成了一个良性连接，既让整个故事世界观更加完整，又让故事得到延续。

《沙海》主要讲述了少年黎簇被袭，后背被伤成地图，吴邪逼迫黎簇，带他到沙漠历险。黎簇好友为寻得失踪的黎簇，进入新月饭店进行调查，引出了张日山与九门、汪家之间千丝万缕的关系，最终故事解密：吴邪、解雨臣与张日山是所有事件的设计者。

《沙海》的故事情节开头、发展、高潮、结尾的起承转合安排得当，开头以倒叙的手法，用黎簇在沙漠中被蛇柏"追杀"这一情节，勾起人们的观看欲，想要知道黎簇到底能否逃掉，同时使观众产生疑问：一个单纯的中学生怎么会闯入沙漠探险。而后故事从头开始讲起，解密黎簇进入沙漠的原因。故事情节发展中不断埋下新的悬念，层层铺垫，留下多条线索，抽丝剥茧，解开秘密后又提出疑问：黎簇被代入沙漠冒险，众人铤而走险，古墓中惊险万分，但安全出来后却得知是假的古潼京，假的古潼京已经如此凶险，真的会怎么样？这更加勾起人的想象。黎簇不停地收到神秘人寄来的各种奇怪快递，九门之间的关系又扑朔迷离，这两者之间有着怎样的联系？这些在故事发展过程中不断解密，又不断设置新的疑问，持续挑动观众的神经，让人欲罢不能。这些情节都指着一个方向——古潼京。于是在故事高潮部分，矛盾冲突到达最高峰，九门、汪家与主人公共同进入古潼京，将故事推向了一个三方势力绝不可逆的对决，最精彩、最紧张、最冲突的情节点出现，本次冲突的解决将决定故事中人物的最终命运。古潼京中九门、汪家、主人公一派的精彩对决将观众的心悬到了最高处，使他们热切期待着结局。主人公一派安全出墓，赢得胜利。主人公们恢复生活平衡状态的结局也终于让观众的好奇心得到了满足。

众多观众评论当中，"环环相扣，剧情反转烧脑"被多次提及。在豆瓣，也有很多观众写下千字长评去分析剧情。

甚至还有观众会做每集的故事笔记，去详细分析单集剧情脉络。剧中出现的一个小道具，一个异样的人物表情，都笔笔道来，并会根据已有线索推测下一个情节，分析人物好坏，细致到让笔者都惊叹，他们可以被称为《沙海》的"百科全书"。

剧粉的疯狂热爱，佐证了《沙海》在内容吸引力和用户留存度上的优势。通过大量的用户反馈、专业机构调研，以及深度采访《沙海》的出品制作团队，笔者从剧情方面总结了《沙海》的几大亮点。

（1）激励性事件安排巧妙、合理、入戏

故事情节中，激励性事件是促使主人公人物命运最开始发生转变的情节，使主人公彻底打破当下的平衡生存状态。这种平衡状态的打破，一方面让故事情节自然过渡，为接下来的矛盾冲突做铺垫；另一方面也能勾起观众的期待——主人公接下来会经历什么。《沙海》中，主人公黎簇从一个普通复读的中学生转变成一个沙漠古墓探险者，这一转变设置得十分巧妙，在黎簇的内在心理与外在条件上都安排了激励性事件。从黎簇内在来看，剧中安排黎簇处于人生中十分重要的阶段——高考失败之后。黎簇内心抗拒复读，这在心理上便为黎簇的改变做好了准备，给了观众一个心理预期。而接下来，背上被划一百多刀更让观众坚信黎簇身上带有秘密，一定会发生什么。于是吴邪出场胁迫黎簇进入沙漠探险的情节进行得就理所当然了，观众不会感到突兀。黎簇在吴邪有意为之的激励性事件下，想法改变，决定前去冒险。

（2）伏笔与悬念持续吸引观众

《沙海》的伏笔与悬念的设置得当，深入浅出，环环相扣。每一个镜头中出现的物件、事件，一闪而过的人物特写表情的抓取，小线索的揭露与展示，都具备合理性，又相互推进，一层层勾起用户强烈的好奇心，从而使其持续观看。

在伏笔与悬念的设置上，《沙海》从开始就站在全局的高度布盘，但又通过小事件撕开大事件的口子，一点点堆积成全局。由粗到细，由细到真，由持续的小悬念解密到引出更大悬念的爆发，由事件推事件。因为悬疑剧有很高的入戏成本，用户需要花很多时间去熟悉和了解事件脉络，这个过程里如果没有在观众心里埋下一个强烈的好奇问号，让观众愿意去探索究竟，观众很容易就会流失掉。《沙海》的处理方式，既给了观众一个由浅入深的接受过程，又利于交代清楚故事背景、线索和人物关系，让高潮事件的到来变得合理，容易被人理解，还增加了故事的层次感与深度。

如最开始，故事中的一众人物认为黎簇背上的地图是沙漠中第一次古墓冒险安全指南地图。但之后剧情反转，众人沙漠冒险进入的并不是真正的古潼京。黎簇背上的地图其实是寻找古潼京的路线图。之后，黎簇与黑瞎子、吴邪进入真正的古潼京，剧情再次反转，黎簇背上的地图其实是入口的密码图。而故事情节远远没有结束，因为在故事最终，解释这一切都是吴邪布的一个局，黎簇背上的地图不是什么真正的地图，而是吴邪吸引所有人入局的陷阱。从整个故事可以看出，黎簇背上的地图，是贯穿整个故事的一个重要悬念，它在情节进展中不断反转，引出新线索，在故事最后才进行解密，为全局铺下了悬疑线索。

又如故事最开始，黎簇收到神秘古盒，古盒中的虫子飞入眼睛中。这一事件的设置很容易引起疑问：虫子从哪儿来以及虫子是什么？吴邪的到来，解开了盒子来处的疑问，盒子来自古潼京，但因此也引出更大的悬念：古潼京是个什么样的地方？为什么大家都想去古潼京？而黎簇在吴邪的带领下与众人一起进入沙漠，却带来了一个更大的悬疑点：大家探险的地方不是真正的古潼京，那么，真正的古潼京在什么地方？……这种层层包裹、由小及大、不断深入的伏笔与悬念的设置方式，既吸引着观众不断探索与推测，又能满足观众对于悬疑推理的高要求。《沙海》中诸如此类的悬念设置，都十分出彩。

（3）戏剧性冲突精彩，矛盾设置层层递进

《沙海》故事最开始便设置下了整个故事的终极目标——古潼京。多方人物流派的最终目的是去古潼京探险寻宝，然后由众多小矛盾冲突推动事件向目标进展。吴邪强带黎簇入沙漠探险，众人所面对的主要矛盾冲突是从墓地中走出去。沙漠的沙尘暴让众人流落进荒漠独户人家，面临怪病，以及荒漠人家神秘的身份又成了当时的主要矛盾……在一个个层层递进的矛盾冲突推进之下，众人共同进入古潼京探险，故事进入高潮。层层递进的矛盾冲突设置，一方面紧紧抓住了用户的心理，让用户随着人物冒险，进而对更多事件进行推测、解密；另一方面，矛盾冲突的难度不断加大，危险与悬念不断刺激着用户的神经，不断给用户加强加深印象，满足用户对于烧脑的追求。

1）双线交叉发展，节奏具备分寸感

《沙海》的前半部分，剧情双线交叉发展。一条线是黎簇跟着吴邪去古潼京探险；另一条线是黎簇好友苏万、杨好与小护士梁湾追查黎簇的去向，调查新月楼，以局外人的身份介入老九门的隐秘组织中，与老九门产生了强联系。两条线都明里暗里引出古潼京这个最终悬念。两条线索交叉发展，将老九门、汪家家族势力铺展开来，给观众铺展开更清晰的人物势力图谱与故事框架。

  双线交叉叙事，相互补充情节，解开前面设置的悬念的同时，不断设置更大的悬念。双线交叉发展，一条线负责悬疑探险，进入新的世界进行与日常生活迥异的体验，观众跟随主人公体验冒险和刺激。另一条线则揭示出复杂的家族矛盾，解开吴邪身上的一些秘密，交代人物背景，丰富情节线。一边探险，一边解密；一边是直接的感官刺激，一边是人性暗潮汹涌的争斗。两边都危险重重，但一明一暗，一显一隐，交叉叙事，既在情节上相互补充，增强了故事的完整性，又加强了故事的悬念感，吸引观众陷入情节，联系前后推理猜测，烧脑感十足。

  双线推进的故事最重要的是两条线如何合理穿插，在什么节点产生交集，共同辅助故事。《沙海》的两条线转换节点，都是在每个事件的转换中有线索交集。这样的处理既不会强插打断用户在某一条线上的思路使其出戏，又能将两条线合理地穿起来组成最后的故事。两条线虽然单独进行，从外部来看最初没有显性交集，但实则，两条线都是和最终的高潮事件强相关的。

2）家族恩怨与代系传承增加故事延续感和真实感

《沙海》当中，也叙述了家族恩怨和代系传承。家族恩怨有两条比较明显的线索，一条是老九门家族之间复杂的钩心斗角，另一条是汪家为了争夺大权，与九门的共同矛盾。两条家族复杂关系的情节线的加入，一方面丰富了故事的情节线，另一方面增加了故事的复杂程度与烧脑程度，人物、家族之间的明争暗斗，让故事情节更加扑朔迷离。

代系传承则是沿袭《老九门》与《盗墓笔记》中的人物代系关系，让三个故事之间产生一种亲切的联系。最直接的人物便是"张日山"与"吴邪"。《沙海》的张日山即《老九门》中老佛爷张启山的助手"张副官"，因为家族特殊的血脉，能够活百岁，在《沙海》中，他是引出新九门斗争的关键人物。《沙海》中的吴邪即《盗墓笔记》中的吴邪，不过吴邪的形象已经有了比较大的变化。《盗墓笔记》中的吴邪比较单纯善良，而在《沙海》中，吴邪已经变得更加成熟稳重，处理起事情来比较得心应手。《沙海》中的新月饭店，便是《老九门》中伊小姐家的新月饭店，九门各大家族也有了新的继承人与家族关系。

这种联系对于观看过《老九门》与《盗墓笔记》的老粉丝来说，有一种亲切感、熟悉感，对于熟悉与亲切的东西，好感度与代入感更强，能够就细节性的故事内容进行深入的讨论与比较。对于新粉丝来说，代系传承能够加深这个故事的厚重感。因为代系传承意味着故事的整个人物关系与人物图谱十分丰富,经历代系,说明这一家族或人物的资料更加详细,更加有据可考,这种深层次的丰富的资料能够让新观众认为故事有厚重感,继而想去考究一番,甚至可能通过《沙海》这个故事,想要了解上一辈的故事,而去观看《老九门》与《盗墓笔记》,三者之间有一个相互促进、良性循环的关系。

(4)故事节奏张弛有度

1)悬念与反转情节相互配合,冒险与解密增强故事紧张感

《沙海》中古墓探险与九门现代恩怨双线交叉进行,古墓探险带领观众走入一个未知、惊险刺激的古墓世界,古墓中危险重重的机关设置和人与人之间复杂的关系,不断刺激着观众的神经,带着观众一步步深入。故事悬念重重,而情节又环环相扣,探险解密过程中,解开秘密但又铺垫更大的悬念。而剧情当中又出现众多意料之外但情理之中的反转。探险题材的悬念与紧张感表现得淋漓尽致,故事快节奏,强情节,让人欲罢不能。

2)爱情线缓和紧张的节奏

《沙海》中,不仅仅有张力十足、悬念重重的探险情节抢占观众心智,更塑造了"梁山CP"这段甜宠的爱情。观众对于"梁山CP"的讨论度也比较高。"百岁老人的爱情""大猪蹄子张日山就是招人爱""甜中带着玻璃碴儿"等话题,多次冲上热搜。观众热烈讨论"梁山CP"的感情。

《沙海》本来是一个比较偏男性的探险悬疑题材，但其塑造的"梁山CP"却能出圈，吸引喜爱看甜宠情节的女性观看，在暑期热播时，"大猪蹄子张日山"也一度冲上微博热搜，其热度可见一斑。

一方面，副线CP感情线的设置，能够缓解紧张的氛围，故事情节一紧一松相互配合，调节故事节奏，使之张弛有度。另一方面，甜宠爱情的情节，对于女性受众来说可以调整观剧门槛，在悬疑探险故事中的爱情，也是一种比较新鲜的体验，具有十分强烈的吸引力。

在采访中，白一骢团队也对此进行了解释："其实'梁山CP'也是为整个剧情服务的，在前期铺垫和交代人物关系时发挥了很大作用，而且在很大程度上缓冲了冒险剧中比较男性化的剧情故事，让故事的节奏轻快温和，两个人之间的甜蜜互动也吸引了不少粉丝。"

3）幽默搞笑情节调节氛围

《沙海》烧脑反转的强剧情节奏下，在许多地方也设计了相应的情节来缓解过度的紧张，调节整个故事气氛。

比如故事开始时，黎簇与梁湾被吴邪抓住，两人被控制在梁湾家。此时黎簇后背被划了100多刀，吴邪真真假假地介绍与威胁，让故事出现更多悬疑点与紧迫感。在这种极度危险的情况下，梁湾竟然在房间里大大咧咧地敷上眼膜，偷吃起了零食。这一情节一方面立住了女主随遇而安、胆大勇敢的形象，另一方面也调节了过于紧张悬疑的气氛。梁湾临危贪吃的情节可以缓和观众对于吴邪想要取走两人性命的猜想,同时也能够让此时对二人生命安全十分担忧的观众松一口气。

与此类似的轻松幽默的情节在故事中出现了许多次,如苏万对于"老九门"的理解就是九门功课的课外补习,杨好家销售取名比较现代化的冥用套餐……在采访中,白一骢团队也说道:"《沙海》的剧情是很紧凑很紧张的,如果没有一些轻松的元素,观众可能会处于一种持续紧张的状态,加入这些元素是为了能给观众带来更好的观剧体验,探险中不乏欢乐,也得让大家适当放松一下。而且我们在设置轻松元素的时候都会贴合相关人物的人设,所以观众看起来就会既觉得很有趣味性,也不会觉得违和。"

(5)团队经验分享

1)剧情双线发展

因为《沙海》是沙漠线和城市线同时进行的,沙漠线展现成长与命运、城市线铺垫展现人物关系,双线剧情相互交织,所以我们的分寸就在于如何既保留沙漠探险的紧张刺激,还要融入城市线九门协会与汪家的悬疑看点,以此牢牢抓住现代年轻观众的审美风尚,同时也让这部探险题材剧的视野变得更写实且开阔。

2)剧情中有《盗墓笔记》的延续

无论是不是书粉,我们都尽可能把每个故事或者每个剧情、每个道具、每个服装及每个细节做得让他们觉得这个东西的真实度和诚恳度是够的。因为我们相信作品做好了，无论是不是粉丝都会关注作品本身。首先，《沙海》从剧情到场景还原度都很高，相信书粉一定能够快速地 get 到。其次，有些原著梗做得很隐蔽，有的时候就是一语带过，不会刻意强化让你知道这是一个梗。对于非粉丝来说，如果不懂的话，就直接过去了，根本没有意识到那是一个梗，我觉得这个处理还是非常好的。

3）张日山形象的塑造

因为张日山这个角色最先是在《老九门》中被大家熟知的，《老九门》当时受众也很广。但是很多看《老九门》的人，有一些是没有看过《盗墓笔记》的，然而当你在《沙海》里看到张日山的时候会联想到老九门的人际关系，并且将当时的九门和现在《沙海》中的九门做对比，大家也会不断地联想。其实等于把当年的《老九门》粉丝也吸过来一批，我们尽量使所有的观众和粉丝都能看到一些自己想看的东西。

4）吴邪形象在《盗墓笔记》与《沙海》中的变化

《沙海》中的吴邪是经历成长、完成蜕变的"老江湖"，他不再天真，还有一点腹黑，是因为当年受过的挫折，造就了他现在的性格。我们不仅需要将成熟的吴邪展现给观众，还要将其中的前因后果穿插在剧中，让观众感受到并在无形之中接受。如剧中吴邪说的"就当是一次旅行吧，以前我三叔也是这么忽悠我的"。观众在看的时候可以明显感受到吴邪心境的变化。

5）关键物体特效，针对小说做了一些艺术处理

因为要考虑到影视播出的实际情况，比如地下宫殿里的"孢子"，在原著中是密密麻麻的虫子，这种相对黑暗一点的设计放在小说里效果会非常好，但是在影视剧里可能过于血腥，会引发观众不适。所以最后改成了孢子植物，这样不但安全，画面也更有美感。因为无论是电影还是电视剧都不可能满足所有人的胃口，能够满足大多数人的胃口，我们的审美标准就达到了。

《沙海》有一个完整的生态系统架构，为此团队观看了大量的参考片，对南派三叔从剧本到《盗墓笔记》的世界观都进行了详细的阐述，前端特效的美术概念经历了600多张图片的推演，才把世界观落在同等的水平线上。至于舒适度，这就需要在构建虚拟生物和虚构场景的时候充分发挥审美创造力，说到底，还是审美标准问题。

《惹上冷殿下》——持续吸引受众观看的上瘾体验

《惹上冷殿下》于2018年8月8日在腾讯视频、芒果TV同步上线，上线第一天点击量破亿。截至2018年12月31日，骨朵影视数据显示，《惹上冷殿下》总点击量为19.6亿，远超当年的同类型题材网剧。除了深受国内观众好评，《惹上冷殿下》

也斩获了 2018 年中国国际青年电影展网络剧最具人气奖，并被 Netflix 采购，远销海外。

《惹上冷殿下》根据掌阅的 IP《惹上妖孽冷殿下》改编，并由笔者完成影视版权的销售。莱可传媒采购时，《惹上妖孽冷殿下》就已经有了 50 万的书籍粉丝。从《惹上冷殿下》开播前发布的预告片弹幕及自媒体相关评论来看，第一批网剧的粉丝预估至少有 30% 来自书粉，他们自发去网络上裂变传播，为剧集创建话题，引导流量。而网剧的热映，又反哺了原著，截至 2019 年 1 月，《惹上妖孽冷殿下》的书粉已达 70 万。

《惹上冷殿下》主要讲述了勇敢漂亮有才华的富家千金陈青青，为逃婚而乔装成"丑女"，转学到父母当年相遇的学校，邂逅了冷面人气偶像歌星司徒枫并成为同桌，发生了一系列搞笑的事情。在此过程中，两人逐渐产生感情并最终走到一起。

经过调研《惹上冷殿下》的粉丝受众，笔者发现观众在观剧过程中大多有一种"停不下来""上瘾"的体验，这就是故事持续吸引观众的效果。

那《惹上冷殿下》到底是哪些地方在不断吸引观众愿意持续去看？这里通过大量的观众反馈、专业剧情机构的调研，以及深度采访《惹上冷殿下》的出品制作单位莱可传媒 CEO 陈蓉妍，总结了这部网剧吸引观众持续观看的两大原因。

（1）故事价值观与审美符合当下目标观众

青春校园爱情故事，有两大重要看点：男女主人设，以及围绕他们的故事呈现的价值观。"王子爱上灰姑娘"是一种爱情价值观，"势均力敌的爱情"也是一种价值观。剧中爱情故事所表现出来的两性爱情观十分符合当下观众对于爱情的想象。同时，剧中男女主的人物形象亦满足了观众对于虚拟自我与虚拟爱情中的另一半的想象。

剧中男主人设别出心裁。大部分的偶像剧男主都会走"霸道总裁"型人设，无论这个角色是否真的是个总裁或者家财万贯。无一例外，他们都具备总裁"掌控一切"的特质。在原著《惹上妖孽冷殿下》里，男主司徒枫也是一位豪门少爷。但电视剧《惹上冷殿下》里，编剧通过市场调研，虽然保留了司徒枫富家少爷的出身，但全剧的重点放在了他是一个有音乐梦想的人气偶像设置上。

为什么会做这样的人物改编？灵感来源于何处？陈蓉妍从观众调研方面进行了详细的解释。

"做偶像明星的人设动因主要来自我们对市面上年轻人一些热点话题的观察。话题'如果可以选择同桌，你希望你的同桌可以是谁？'答案的选项中，是一堆当红流量小生的名字，而这个话题热度持久不衰，也让我们感到年轻人追星的热度和力量。于是，我们想偶像剧既然是给年轻人造梦的一个平台，那何不就让他们在偶像剧里，试着跟偶像近距离接触，谈一次恋爱。"

剧中男主形象的改变，实则是为了满足观众当下的审美需求，拉近人物与观众之间的心理距离。

确定了男主人气偶像的人设以后，《惹上冷殿下》加入了不少粉丝文化的情节，给目标观众更贴近现实的代入感。男主在 idol 这个人设上也不是传统明星的高冷形象，而是一个看起来很 cool，但是也会因为女主吃醋而频频犯错频频丢脸的人设。让粉丝们在看待自己的 idol 的时候，会有反差萌的感觉，这一点，是基于改变的创新。

剧中女主形象的创新完全满足了当前环境下观众对于新女性形象的审美与需求。女主陈青青是"有仇必报有仇即报"的个性。给观众的直观感受就是"超爽，解气""自信满满"。这无疑符合了当下年轻人追求自我、敢于释放真实天性的价值观，而且也匹配快节奏、压力大的生活环境下，大家对于效率的追求。琼瑶式的苦情女主形象对于当下影视剧主流观众来说已经不是主流审美，"陈青青"这样的个性人设更符合当下受众在新价值观下对女性形象的诉求。

陈青青的角色形象是保留原著最多的一个，也是影视出品方在采购影视版权的时候最看重的一点。主创人陈蓉妍对此专门进行了解释。

"女主的人设其实是我们整部剧，在原著小说中最为看重的地方。陈青青这个角色，是一个敢爱敢恨有仇必报的女孩，与以往偶像剧的女主相比，更加真实，也更加解气；与还有一些自卑的灰姑娘相比，她见过世面也知情识趣；与以往偶像剧里一直被欺负却只能隐忍期待男主来解救和报仇的女主相比,她的仇都靠自己报,也敢大声地讲出'你要是欺负我,我就欺负死你'的言论。而这一点,也跟现在的小朋友更敢直接讲出自己的需求的特点是契合的,也能引起年轻观众的共鸣。"

女主形象的另外一大亮点是双面人设:"丑女"陈青青和"千金美女"陈青青。为追求自由和真爱来到爸妈相爱的学校的陈青青,为了躲避外公而故意"扮丑"。在戴上"丑"的面具以后,她释放出了自己更洒脱可爱的一面。

而实际上,在某些时候,她又可以享受金城首富家的"千金美女"所带来的天然优势:才华横溢,十八般武艺样样精通,藐视各种奢侈品。所以,当剧里的副线人物,攻击女主"外貌丑陋""穷人家的孩子"的时候,女主不用反击,观众都能看到胜利。女主坚持用自己"丑""穷"的一面,去一一冲破阻碍和困难。

男主在知道女主的双面人设以后,面对"千金美女"和"贫穷丑女",反而更喜欢她"丑"的一面,因为这样的她真实、自信、可爱。而陈青青根本就不在乎自己的外貌到底是美还是丑,她更在乎的是自己是否自信,是否明白自己应该努力追求什么。

这是全剧最大的亮点,通过这样的剧情走向,也向观众传递出了正向的价值观:不要过于在乎自己的外貌,要充分地自信,做真实的自己。采访过程中,陈蓉妍总结:"这一块也是有做观众调研的。对于我们的偶像剧来说，受众是在12~18岁的年龄层或者更低，在这个年龄段的孩子们对自我的认知一般都比较不自信，他们这个阶段就像是丑小鸭的阶段，而我们的戏其实也想通过男主最终选择了丑女爱上了丑女的结果，告诉孩子们，要充分自信，全面地欣赏自己。只要勇敢地做自己，自己就是别人眼中那个独一无二的美女。"

陈青青在"扮丑"中所遭遇的经历，是大多数平凡女孩在现实中都遭遇过的。但陈青青漂亮地反击了，勇敢地前进了。她实现了所有平凡女孩的梦想，牵手大家心目中的偶像。这样的人生，是所有人都期待的。这样的故事，也就能够持续对她所要吸引的人产生吸引力。

陈蓉妍说："在内容和观众的定位上，也需要有一个分寸感的拿捏。既要有观众喜欢的内容，又不能过度谄媚而丢掉作品本身的核心和价值观。所以创作者既不能脱离观众，又不能一味地完全依赖观众。

创作者应该要抓取到一些比观众更高的点，可以通过内容本身，大胆地推出一些新的东西。"

（2）情节点设置得当，"笑点""爽点""苏点"三项齐发，持续吸引观众

《惹上冷殿下》剧情发展中，情节点的设置十分得当，剧情上的"笑点""爽点""苏点"的着重安排，让整个剧情节奏轻快。"笑点"搞笑幽默，"爽点"及时满足需求，爱情

当中的"苏点"打动少女心。第一集男女主就因为"意外"而互相贡献了"初吻",相比于大部分言情剧,十几集了主角都还未进入爱情状态来说,"苏点"来得很快。每一集,男女主之间的关系都会发生一些实质性的进展。在第二集中,女主就漂亮地反击了对自己出言不逊的人,凸显了吊打"爽点"。

传统的电视剧每集在45分钟左右,《惹上冷殿下》的剧集长度,是根据当下年轻观众碎片化时间较多,注意力比较容易分散的特质而设计的。每集时长比传统剧集要短,在30分钟左右。上线时间定档在8月8日,暑期档的黄金时间,在腾讯视频和芒果TV播出。目标观众年轻群体刚好在放暑假,有大把的时间可以花在看剧上。但现在的生活节奏快,学生能玩的产品非常多,注意力很容易分散。所以要在人设立住以后,让年轻观众既被每一集完成的密集任务所吸引,又不能时间过长,以致影响他们在观剧外和朋友的其他互动。

《惹上冷殿下》的整体故事长度也针对目标群体做了调整。对于12~18岁的观众来说,60~70集的剧集长度过长,需要消耗大量时间,且在剧情上一般完整度较高,中途离开或半路弃剧后,再次点开剧集,需要对前面的故事剧情有所了解,才不致剧情断裂。但观众耐心往往有限,而多样化的娱乐产品(电影、游戏等在时间长度设置上更加人性化)与影视剧抢夺观众时间,观众很容易因此弃剧。

"轻松下饭菜"是现在大部分人对文娱产品的诉求。归根结底还是现在的生活与生存压力太大，大家需要一些东西让自己放松。《惹上冷殿下》整体的风格轻松搞笑、网感十足、脑洞大开。比如"霸道人气偶像"在爱情中的反差萌：下乡追女主后，接受"种田""修灯泡""住破旧木屋"等层层考验，让人忍俊不禁。

故事中女主两种人设的精分串戏，导致很多时候因为一个谎去圆更多谎，要不断地换衣服、化妆变丑，由此引发了众多逗笑式的故事情节。

（3）创作团队经验分享

《惹上冷殿下》是2018年青春校园爱情剧中最大的黑马。虽然不算投巨资的大作品，但在内容改编、创作、宣发上研发出来的一整条科学流水链，十分值得学习。从挑选IP到最终确定立项，再到最终的网剧面世，陈蓉妍团队仅花了不到一年半时间，投入产出比高出一般影视剧。除了时间规划严谨，分秒必争，《惹上冷殿下》团队目标明确，并对于怎样合理配置资源，以实现投入产出比最大化有独特的方法。基于此，笔者专门向陈蓉妍请教了《惹上冷殿下》在影视项目中IP挑选、内容制作、宣发等方面的经验，收录如下。

1）如何选择IP

我们在选定这个IP之前，先是把范围缩窄到现代剧，然后缩窄到言情剧，再缩窄到校园剧。我们先调研市场，

2018年播出的剧大部分都是古装剧，包括《延禧攻略》《如懿传》《烈火如歌》《扶摇》等，都不乏大腕加持。对于我们这些预算有限的小成本剧作来说，在古装市场上，我们没有优势可言。于是，首先放弃了古装这个选项。其次，我们选择校园剧，是因为当时想针对的两个视频平台——腾讯视频和芒果TV——的观众群年龄层普遍偏低，于是我们放弃了年龄层会比较大的都市言情，而选择了青春校园这一类别。在这个类别当中，我们首先是看到了这个IP，是被女主"有仇必报有仇即报"的独特人设，以及隐藏身份来学校读书的主要故事矛盾所吸引，然后再搜索了这个作者，发现作者以往的作品和口碑都相当不错，最终才定下了这个IP。

2）如何书剧联运

我们选中这个IP，当然首先是因为IP本身就自带了一部分粉丝，而且口碑都挺好。当然为了维持这帮书粉又在审核可以通过的前提下，我们做了一些调整：首先，在保持了男女主之间的互动关系的前提下，修改了男女主的背景和职业，这样让原著的书迷不会觉得修改太多偏差太远；其次，为了让更多的观众接受小说的内容，我们也会从影视剧的市场考虑，现在的受众更希望看到什么样的影视作品，也会在这个前提下，调整原著的一些内容；最后，剧和书推广的紧密互动：在剧播出之前，掌阅平台大力推广原著，让更多人对原著产生兴趣，剧播出之时，就自然有一批粉丝关注，同时在剧播出的过程中，观众也会对剧中女主的漫画手稿产生兴趣，我们借此契机也会加大对小说和漫画的推广，由剧再带给文本更多的关注。

3）IP剧怎么兼顾原著粉和剧粉

其实，只要是好的东西，就一定可以打破圈层，让所有人都喜欢。综观市面上所有大热的偶像剧，可以发现，《来自星星的你》《太阳的后裔》《鬼怪》这些韩剧收视的巅峰之作，既有十几岁的高中生，又有六十多岁的退休阿姨。其实，对于创作者而言，只要坚持故事内核言之有物，坚持人物架构可爱讨喜，坚持正向价值观的感染力，我相信是可以受到整个市场，包括原著粉和影视剧市场的欢迎的。无论是看文本的，还是看影像的，都会被感动。只是在叙事结构上，需要根据影视剧创作的原则，规避影视剧创作的审核风险，前期把控好这些度，就没有太大问题了。

4）内容和观众定位

首先《惹上冷殿下》这部戏的定位是校园剧，所以观众相对比较年轻，非常幸运的是，我们整个戏的主创，从策划到编剧到导演，都是深谙年轻人文化和潮流的一帮达人。从IP的选择，到影视化的呈现，主创团队始终抱着一种信念，那就是只要是我们爱看的东西，就一定是年轻人也会喜欢的东西。用我们觉得可以引起共鸣的情感关系和剧情桥段，去影响喜欢我们的受众。这个过程比较艰难，既要有让他们喜欢的轻松戏码，又不能过度谄媚而丢掉作品本身的核心和价值观。经过反复的沟通和尝试，团队内部磨合一致之后，才最终有了这个作品的问世。在这个过程中，我们也不是一味地去追寻观众定位，而是强调内容本身，当我们自己觉得有意思后，才敢大胆向人推荐这个好东西。

5）演员阵容

莱可传媒所有剧选择演员的标准，都是从适合的程度来考虑的，而不是更看重流量。好的剧本和好的内容，是可以将新人捧上一个台阶的。

6）宣发

观众现在的表达欲都特别强烈，而衡量一个剧是否有热度的标准，除了点击率之外，还有话题讨论度以及弹幕的活跃程度。前期引导舆论的很大一部分原因是希望观众能 get 到这部戏的重点，能真正讨论创作者希望观众注意到的地方。

# 五、当下常见故事题材介绍

故事题材的分类，是为了更好地根据故事题材的特征，总结出利于这一题材创作的普遍经验，从而在创作过程中进行相应的优先级排序，更准确、更快速地抓住用户的情感共通点，来吸引用户、打动用户。笔者按照故事的核心内容，归纳出十二种基本故事题材，并根据每种题材的特征，总结出了核心的能打动用户的看点。

言情

言情是最常见的故事题材。根据故事时代背景，言情可分为古代言情、现代言情。具体而言，现代言情又根据主角和受众的年龄分层，分为现代校园青春爱情、现代都市爱情。

无论架构在什么样的背景下，言情剧最重要的是对"爱情"的展现与探讨——通过男女主的互动、关系的转变，去呈现爱情的"甜""虐""苏"，以刺激到受众的"苏点"和"爽点"，使其代入"恋爱"的情绪中去。

权谋

权，指权力、权势；谋，指谋略、谋划等。围绕权力展开的谋略争斗故事，也是经久不衰的故事题材。比如《军师联盟》《琅琊榜》等。权谋故事一般偏情节，故事背景架构都相对较大，有运筹帷幄之态。

权谋最重要的看点是逻辑严谨的大情节，烧脑，尊重用户的智商，且格局够大。权谋牵扯到故事世界观里的主要势力，普通门户的家长里短成不了权谋。《琅琊榜》的复仇牵扯的是灭门惨案、国家权势对抗，因此属于权谋故事。《延禧攻略》的魏璎珞身处深宫大内，为了复仇不得不谋划一切，围绕的都是封建社会的最高统治阶级，也是权谋。但普通的商贾家宅的日常内斗，就算不上权谋。

武侠

武侠是中国特有的故事题材，其故事内涵与儒家、道家、佛家在文化上有一定的联系。武侠按时间分有古代武侠和近代武侠（民国），按流派分有新武侠、旧武侠以及古仙武侠。武侠故事基本都结合了中国的宗教哲理、诗词歌赋和术数丹学，进行现实为主、虚构为辅的衍生化想象。经典作品有《射雕英雄传》《笑傲江湖》《小李飞刀》等。

武侠故事的核心在于武术世界观、侠客们的侠义风骨和江湖儿女的恩怨情仇。武术世界观是在现有武术派系的基础上合理想象并创造出不同的内功秘籍和武术招式，更有各式各样、不同形态的冷兵器对决，形成一个价值等级体系。然后融合中国博大精深的文化，创造出一个疑幻似真的江湖世界。武器招数的对决是否真实精彩，江湖里的狭义豪情是否鲜明，是否符合现代人的价值审美是写好武侠的重点。

奇幻

奇幻故事通常包括魔幻故事、神话故事、玄幻故事。

魔幻故事大多数以骑士、魔法、剑、恶龙,或者法杖、飞行扫把、女巫、吸血鬼这样的西方传说为主,偏重于超自然与魔法。例如《吸血鬼日记》《哈利·波特》等。

神话故事则以民间流传的古代神话传说为蓝本,仙妖神魔为主要元素,情节往往和寻仙问道有关。例如《灵珠》《追鱼传奇》《新白娘子传奇》等。

玄幻故事往往是天马行空的想象,无章可循,自由创作。不论是虚拟世界架构还是人物传奇经历,都不受科学与人文的限制,也不受时空的限制。故事内容多为励志热血,升级打怪。例如《斗罗大陆》《斗破苍穹》等。玄幻故事还包括修真故事这一大类型。修真是从仙侠小说、神魔志怪小说以及武侠小说发展结合而来,极其着重于修为境界的描写,各界划分根据不同的需要在故事中也有不同的种类。一般讲述主人公通过道教的秘法修炼达到更高的境界。例如《修真世界》《青云志》等。修真故事的最大特点就是对修炼境界等级的描写。

奇幻故事一般具有一个完整的世界观和空间架构。对于世界源起的设定和力量来源都有一个虚构且合理的想象。在创作故事前更需要建立一个完整的背景系统设定,故事里的剧情进展具备一定的时代感和逻辑性。

悬疑

悬疑故事是带有悬念、具有离奇剧情的故事。剧情一波三折，跌宕起伏，但同时具有较强的逻辑性和推理性。这个题材的故事多以一个或多个悬念贯穿始终并且最终解开谜团。故事中通常存在几个问题："到底发生了什么事情？""为什么是这样？""如果这样做接下来会遇到什么？"悬疑故事通常包括刑侦故事、冒险故事等。例如《白夜追凶》《烈日灼心》《沙海》等。这些故事中推进剧情发展的人物的动机就是去探寻为什么会发生这些事，谁做了这些事。

这种题材的故事里，主要角色的任务是去发掘一些事件的真相。在事件结束后也会发掘人性的善恶，给人以启迪。当然好的悬疑故事应当具有极其严密的逻辑性，在故事发展阶段能让读者同作者一起烧脑并猜测故事的发展方向，也会经历多次剧情反转，如果错过情节中的一些细节，就有可能影响故事的连贯性。当然，作者设置的每一个伏笔和铺垫都要恰当，要合情合理，不能过于巧合，转折生硬。

恐怖惊悚也是悬疑故事的一个分支，是以制造恐怖为目的的一类故事。故事内容越荒诞离奇，越能引起观众的恐惧感。因为悬念能使读者对故事产生强烈的期待，所以恐怖故事通常也会设置悬念以引起读者一些原始的负面情绪，比如恐惧、不安、惶恐等。《午夜凶铃》《咒怨》《电锯惊魂》等都属于这一类。

在这类故事中，作者会设定一些令人恐惧的怪物、邪恶的动物、超自然的鬼怪等形象，如描写鬼怪作祟，描写凶猛动物噬人等。当然大量的暴力或残酷的行为也是这类故事中必不可少的重要元素。

历史

这类题材的故事是以一个历史时代为中心轴，以某一时期的历史事件或人物为蓝本，描述一个时代和时代中人物一生的跌宕起伏。历史是取之不尽用之不竭的故事素材库。创作者可以利用过去，把故事作为一面明亮的镜子来忠实地再现历史。这类故事通常也是历史纪实故事，例如《大秦帝国》《康熙王朝》等。

一个优秀的历史纪实故事要求作者具有极高的历史修养和艺术创造力。这类历史故事注重历史的真实性，要求言必有据，事皆可证。虽然客观真实这一要求可能妨碍了作者的创造性，但作者可以对历史事件进行适当的取舍、加工、局部虚构，以增加其戏剧性。这类故事可以使观众获取历史知识，并以史为鉴，但如果只截取历史的片段或随意篡改重要事件，就会使故事缺乏真实感，也会导致读者获取错误的历史信息。

社会

这类故事会通过构建一些现实故事,揭示社会问题或社会矛盾,如贫穷、教育体制的缺点、下层社会对社会的反叛等,然后剖析某个社会问题的成因,并试图发现解决问题的方法。

具体而言,此类题材又涉及家庭问题(家庭内部的问题)、女性问题(诸如事业和家庭、情人和孩子之类的两难之境),政治问题(政治的腐败)、生态问题(挽救环境的斗争)、医药问题(同身体病痛的斗争)、精神方面的问题(同精神病的斗争)等。例如《我不是药神》《人民的名义》《回家的诱惑》《你好,疯子!》等。

社会题材故事的生命力在于现实和细节。作者需要通过人物的行为以及心理,生动地展现社会百态。

人物传记

人物类题材的故事是形象化的历史教科书。作者通过描写政治、军事、科学、教育、文学艺术及其他不同领域著名人物的生平事迹,展现其深层精神品质以及与之相关的历史事件和社会变迁。例如《林则徐》《少帅》《公民凯恩》等。

这类故事并不是一部简单的编年史,而是以一个人为焦点,在叙述真实事件的同时进行合情合理的添加和润色。创作故事前,作者应该大量收集所要撰写人物的翔实信息和其生活环境的时代信息,并进行筛选,去伪存真。在编写故事时应该抓住人物的核心本质,在不违反人物本质精神的前提下,通过艺术虚构的手法塑造出既忠于史实又符合艺术审美要求的、真实感人的经典人物形象。

科幻

这类题材采用科幻元素,以建立在科学假设上的幻想情景为背景,在此基础上展开戏剧事件的故事。科幻故事所采用的科学理论并不一定被主流科学界接受,例如外星生命、外星球、超能力或时间旅行等。《黑客帝国》《星球大战》《流浪地球》等都属于这一类。

科幻故事的内容本身远离具有现实意义的社会题材,创作者常常使用可能的未来世界作为故事背景,用宇宙飞船、机器人或其他超越时代的科技元素彰显与现实之间的差异。一个优质的科幻故事不应该只注重人文精神元素,也应该注重科学的严谨性和逻辑性。创作者要能够对故事中产生的非当下现实因素自圆其说。一些更为深刻的科幻故事则会表现出对于政治或社会议题的关注,以及对人类处境的哲学探讨。

军事战争

战争故事是国家民族层面比较深刻的故事,讲述的是侵略、权力的争夺和战场的厮杀。战争故事常常是另一题材的背景,如爱情故事,战争这一题材会用更多的笔墨具体描写战斗本身。代表故事如《辛德勒的名单》《北平无战事》《亮剑》等。

故事立意不同,写作角度也会存在一定差异。这类故事通常以战争史上重大军事行动为题材,通过战争事件、战役经过和战斗场面的描写,刻画人物性格,树立英雄形象;也有的是通过人物和故事情节的描写,形象地阐释某一重大军事行动、军事思想和军事原则;还有的故事旨在反映战争给人们带来的灾难和心灵创伤,提醒人们珍惜当下的和平生活,这对现实具有警示意义。

职场

这一故事题材以职场话题和事件、职场矛盾为主题,用艺术化的手法,讲述现实职场生态。职场越复杂、越不单纯,竞争越激烈,就越具有"故事性",它被表现、被演绎的概率就越大。例如《杜拉拉升职记》《幕后之王》《外科风云》等。职场生涯的质量决定了人们社会生活的质量。近年来,读者对职场故事的关注也在逐步上升。

职场故事一般有三种模式：菜鸟成长逆袭式、敬业爱岗奉献式和商业王者争斗式。这三种模式的核心需求包括：实用性的职场生存法则、社会人际关系攻略以及作为读者能了解到不一样的职场智慧和相似的职场压力。职场故事的一大亮点是，在让读者有所得的同时，适当地揭示并剖析社会职场问题。

在一定意义上，职场故事可以看作一部教人如何窥探人心的教材，职场就是课堂。在职场故事中立体鲜明的人物形象当然必不可少。一个成功的主要人物设定需要贴近现实，能让读者产生同理心和共鸣感。其他非主要人物也应该各具社会现实特点，这样故事才能合理地发生矛盾冲突。

喜剧

喜剧是一种以让读者笑为结果的故事题材。创作者需要通过发掘生活中搞笑或者可笑的现象用夸张的手法或者诙谐的语言对白，在笑声中娱乐和教育读者。例如《喜剧之王》《夏洛特烦恼》《西虹市首富》等。这类故事的目的是通过一种幽默轻松的方式颂扬生活中的美好，或者讽刺社会的黑暗、嘲笑落后等。

不同性质的喜剧引发的笑不同，有欢乐喜悦的笑、压抑难过的苦笑、不屑的嘲笑、意味深长的冷笑等。不论哪一种喜剧故事，它在总体上必须有完整的喜剧性构思，创造出喜剧性的人物性格和故事背景。在喜剧性情节点方面需要有创新性和独特性，因为很少有一个笑点能让人第二次发笑。另外，创作者需要节制性地使用素材，因为过度密集的情节也会扼杀读者的兴趣。

六、当下常见故事误区分析

故事没有一个固定的模式，但故事写作形式万变不离其宗，大同小异皆有规律可循。在写作故事过程中常常会遇见一些问题。例如：背景构架与关键线索主次不分，逻辑脱离现实，戏剧冲突不足；人物塑造失败；叙事视角脱离用户，无效对白过多；等等。故事误区的分析，是为了通过总结误区经验，更好地在创作过程中规避此类现象的发生。本书针对过往几年所见到的一些创作误区进行了归纳。

叙事视角与目标用户存在偏差

有一些故事类型有非常强烈的用户圈层属性。言情剧的主流受众大部分是女性，如果从男性视角去叙事，就会忽略女性想要看到的细节苏点。青春校园故事针对的主要是在校学生，如果从过于社会和老成的视角去讲述，就会让目标受众觉得深沉无趣。而都市言情故事如果以校园言情的形式去叙述，情节又会幼稚偏弱。

从不同的叙事视角展现一个事件，其实是在放大不同视角下的感官情绪。如果视角切入错误，就调动不了目标用户的情绪点，也就和"词不达意""落花有意流水无情"一样，无论写什么爽点、苏点、痛点，都只是作者的自我陶醉罢了。

主次不分

（1）关键线索事件被淹没在过度的、多余的描述和曝光之中

有的创作者写故事像变戏法一样，编写出十几个支线情节，把故事的主线淹没了；还有的为了推进故事，设计上百个人物。例如，惊悚小说的创作者会很喜欢制造重重的阻碍和众多的反面角色，以至大部分的这类故事都会包含数个坏蛋，以及他们身边一个又一个的跟班或帮凶。如果读者想要厘清他们之间的关系，甚至需要一套人物小卡片来定位。除非创作者要创作的是下一部《战争风云》那样的史诗级故事或者《唐顿庄园》那样的家族长篇故事，否则，创作者很难掌握庞大的人物群和子情节。对创作者而言，让一个故事更通俗易懂的办法是，选择尽可能少的人物，并且只聚焦最重要的瞬间。

（2）过度架构背景故事

除了故事的开端、高潮、结局，创作者还需要了解故事的另外两个主要部分：故事的背景和展现在读者面前的故事。故事背景指的是在故事开始之前的所有前提事件，是为主要人物与故事的合理性做铺垫的时代背景和场景设置；展现在读者面前的故事指的是发生在引发性事件之后，且一步步发展到高潮的事件。何时引入以及何时退出背景故事，是架构故事阶段最大的挑战之一。

大部分创作者的错误在于背景故事引入太早,一股脑引入了大量信息和线索,把本应展现在用户面前的故事淹没在了过多的背景故事中,导致故事失去可读性和未知性,故事开端过于缓慢,无法吸引读者进入阅读状态。

逻辑脱离现实

这类错误在故事创作中会时常见到。比如,某主人公的故事是:他陷于难以离婚的困境中,他想离,却不合法。但在现实生活中,有对他特别有利的法律条文,他只要到相关部门一打听就会知道。但创作者强行不让他打听,也不让相关部门告诉他这些关键信息,带着明显的漏洞往前编故事,所以无论故事发展得如何精彩,这样的故事都难以被采用。

这类错误在悬疑和权谋故事中也很常见。比如,某主人公陷入最绝望的困境,创作者强行让他发现重要线索或者令对手出现不合理的失误,从而实现逆风翻盘、全身而退。

这些创作者想要推进故事发展,但是没有符合逻辑的解决方案,导致人物行为和动作缺乏前因后果,剧情发展不合常理,故事不连贯。

无效对白过多

许多创作者在写故事时,为了展现背景信息,经常以冗长的对白形式推进故事发展。但是没完没了的人物对白导致剧情发展缓慢，啰里啰唆，用户感到故事枯燥乏味，没有情节代入感。故事是通过叙述和画面结合来建置的，创作者在创作故事对白时，最核心的任务应该是分辨出在哪里沉默比发声好。

写对白时既不能照搬废话连篇的日常闲聊，也不能写得太过文学，脱离现实。人物说得太多了不行，说得没意思也不行，很少也不行。创作者应该尽量简化人物对白，仅留下与情节发展和人物细节等有关的重要因素，不要让人物直接说出自己内心的真实想法，而是通过描写人物的行为展现其心理活动。

戏剧冲突不足

戏剧冲突指故事中所展示的人物之间、人物本人以及人物与环境之间的矛盾冲突，其中主要体现为剧中人物的思想性格冲突。矛盾是戏剧冲突的依据，戏剧冲突应比生活矛盾更强烈、更典型、更集中、更富有戏剧性。

人物塑造失败

一个创作者想要塑造清晰的人物形象，应该根据戏剧性需求、观点、态度和变化四个元素创造出人物基础。如果创作者没有创造好人物基础,也就无法在故事中很好地处理有关人物的情节发展。当创作者在编写故事时,要理解清楚人物的行为动机,人物的每一个动作、每一处反应和每一句对白都需要符合人物的基础设定。

当故事中人物形象塑造失败时,创作者就会发现自己的故事存在很多问题。例如:主要人物不讨喜,不能引起用户的共鸣;人物缺乏深度和多面性;人物的情感发展曲线太单薄;或者所有人物设定雷同;人物关系混乱,没有清晰的关系网;塑造的人物事件与人物性格不符,前后矛盾;等等。

七、互联网思维对故事的借鉴

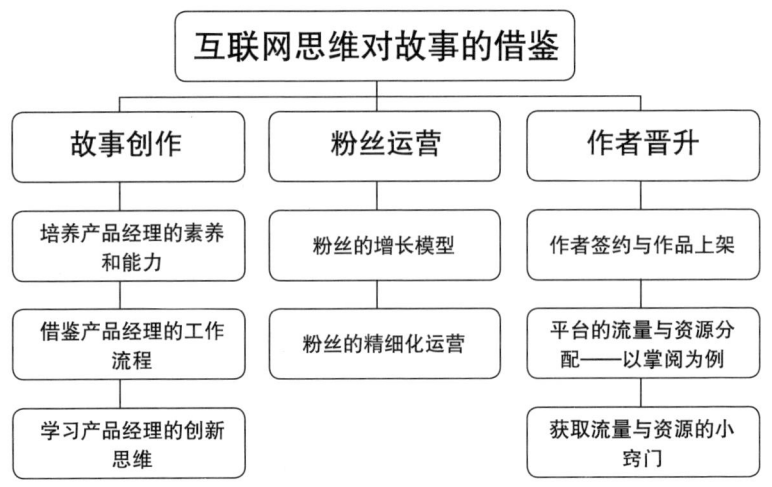

互联网时代诞生了很多高效的生产方法论，建议故事创作者学习互联网的一些生产思路，建立起双重身份。第一重身份是产品经理，严格按照打造精品的思维进行故事创作。第二重身份是用户增长运营，要想方设法利用一切资源，降低获取新用户的成本，让更多的人看见、接受并喜爱自己的故事。

故事创作

在创作过程中，可以将作品看作产品，而创作者就是作品的产品经理。产品经理调研、设计、开发、测试产品的方法可以运用到故事的创作和推广中来。

一个产品从无到有,再到上线的整个过程,涵盖调研、需求、设计、开发、测试、运营、市场等多个环节,而产品经理是推动这一系列环节的主导者。产品经理像一个城市的设计师,在哪个位置建公园,公园里是否需要设计厕所,设计几个,在什么位置建住宅区,密度如何等,这些都是需要结合城市定位和规划以及市民需求去全面考虑权衡的。所以说,产品的核心是"发现和解决需求的逻辑构建"。互联网产品经理就是在适应和预测瞬息万变的环境的同时,找准定位,构建和迭代需求逻辑,尽可能满足用户的核心诉求。

本书并非专业探讨产品经理的能力模型和进阶方法论,不过,笔者的团队曾主管过 2000 万以上 DAU 的文娱类 App 产品和运营,从中总结出的一些实操产品思维及方法论可以应用在故事领域。

产品经理需要解决的问题,和故事创作者有许多不谋而合之处。如果把故事本身当作一个产品,主要解决人对故事的持续渴望需求,那首先要做的就是围绕用户核心需求搭建故事结构,创作故事人物和故事素材,让用户在接受故事的时候,完成对它的认知、喜爱到最后付费转化(或成为忠实粉丝)。基于此,产品经理的思维和工作方法,能够为故事创作提供非常多的借鉴经验。可以说,一个好的故事创作者,其实就是一个优秀的产品经理。

（1）培养产品经理的素养和能力

1）去除"自我思维"

产品经理很容易犯的一个错误，就是"我以为"。一种"我以为"的态度，使得很多产品经理把自己完全代入成目标用户，想当然地认为自己"以为的"就是用户"以为的"，自己"想要的"就是用户"想要的"。他们虽然也会去做用户调研，但往往取样不够详尽全面，会陷入"自我"的误区里，去找和自己相似的用户认同自己，或者通过心理暗示去获取认同，从而证明自己的想法就是用户想要的。很多从业者都或多或少地有这样的思维弊病。

产品经理是产品的设计师，当其根据用户需求去设计产品功能的时候，就已经完全实现了对产品的认知和信任，对产品的任何一个功能都轻车熟路，就像在自己居住了几十年的家里摸黑也能前行，哪个位置需要重新装修也是心知肚明。可是用户并没有这样的条件和机会。尽管现在的用户已经被市面上的大多数产品培养得非常优秀非常熟练，但依旧存在着学习成本。有时候一个小小的细节变更，都有可能让用户陷入"摸不着头脑"的境地。

还有一种"我以为"的态度，是产品经理把个人喜好当作用户喜好——"挟用户以实现自己的想法"。如果这个产品经理是目标用户样本，那出错的概率相对会小一点；如果不是目标用户，那做出来的东西会完全脱离实际。

而很多创作者，也和部分产品经理一样，存在着以上两种"我以为"的误区：执着于自己想要表达的思想，而忽视了用户真正想要的是什么。影视公司在立项的时候，会有很多讨论激烈的策划会。很多策划喜欢援引自己偏爱的作品人设特点，杂糅在一起，去建构主要人物，理由是这个人物在剧里非常出彩。笔者曾参与过一个国产青春偶像剧策划会，几位美剧忠诚粉非常想要把美剧中的某个人设构建在现有剧本的男主角身上，遭到了另外几位编剧的反对。双方各持己见，僵持不下。最后，一位工作人员把美剧人设的特点做了一个具象的描述，然后在公司寻找了10名和该剧目标用户一致的年轻女性参与调研。调查结果显示，9名参与调研的女性表示对这个人设无感。在进行面对面沟通的时候，策划询问原因，她们的答案大同小异："因为在中国，这个人和大家生活中见到的不一样。"

曾经也有很多经验丰富的创作者，在一些公开场合测试他们创作的故事。从旁边几位听众的反应来看，大家的情绪平淡，没有起伏。而听众常常表示"我可能是没有过类似的经历，没办法感同身受""可能是脱离了我的生活，我抓不到点""我理解不了"等。事后我们跟踪了这些创作者的创作初衷，才发现他们在故事立项的时候，完全以自己为样本，考虑自己的"嗨"点，而忽略了用户共情。

"自我"不等同于用户。一个真正合格的产品经理，和一个好的故事创作者，从建立一种服务或体验开始，不能只是"自我"驱动，而更应该是"用户"驱动。你可以是自己设计产品的目标用户,但产品经理解决的从来都是可量化对待的大众目标用户的需求,服务的是大众。同理,故事创作者如果想走市场化大众传播路线,也应该尽量摒除"我以为"的自我思维,不要太执着于表达自我思想。

故事创作开始前,创作者都可以先问自己一句:你是在为自己一个人创作,还是在为大众创作?

2)避开"理想用户"陷阱

"理想用户"是互联网专用词,指对目标产品(App/网站等)非常熟悉、特别了解的用户。他们能够熟练使用产品,绕开很多设计陷阱和不良流程,甚至会自主驱动学习新功能,从而达到使用目标。这部分用户对于产品来说忠诚度非常高,价值巨大。但毕竟理想用户占比非常小,很多超级用户(指互联网里愿意付费且忠诚的用户)往往也很难做到如此极致。

在"理想用户"不多的情况下,产品设计者很容易受到干扰。原因在于,这样的用户在整体占比中是绝对的少数,产品设计者很容易就掉入"为少数人做产品"的陷阱。这和第一点陷入"自我"的误区有相通点。产品经理本身就是一个理想用户。打开一个产品,产品经理对产品的各种功能需要烂熟于心,不用学习便可熟练操作使用。可是大部分用户都是需要培养和学习的。如果仅是依据"理想用户"的需求去设计产品,这个产品的用户池一定会越做越小。

故事创作者也会常常碰见两类"理想受众"。一种是在作者创造的故事里的超级粉丝。他们深谙所有故事背景,不用赘述就能立马代入到营造的故事中去。另一种是目标受众里"配置最顶尖的那一小撮群体"。这里的配置,包含了他们固有的知识背景和生活背景。曾经有一个作者委托笔者评估她的小说内容。这个作者有非常好的学历背景,常年旅居国外。为了营造故事中男女主的 CP 感,她通过亲朋好友,整理材料,写了一场高科技游戏互动,目的是通过紧张的游戏互动,让男女主感情升温。笔者把这一章节拿给了来自不同领域的 20 名内容赏析专员阅读,90% 的赏析专员表示没有看懂游戏规则,也从来没有玩过,所以无法感受它带给男女主的刺激和强烈的互动。在策划把这个风靡美国名流圈的游戏解释给他们听时,他们又豁然开朗,认为这一情节确实完成了作者想要的功效。

所以,创作者应和产品经理一样,避开"理想用户"陷阱。除非创作者已经有足够的知名度,建立了一定的理想体系,用户自愿花精力去融入。否则,就应该按照"从认知到熟悉"理论,照顾大多数观众的学习成本。

3)具备构建故事的逻辑能力

产品经理本身就是一个能讲好故事的人,需要具备逻辑架构能力。

第一,能够把用户的需求具体化、场景化。

一个优秀的产品经理,能具体形象地描述出用户的需求,而不是只抛出一个标签或者概念。

以互联网内容企业为例,掌阅 App 的 Slogan 是"引领品质阅读"。"品质"是一个标签,产品经理去拆解这个标签,就需要抓取哪些是用户在真实的阅读场景中对品质的真正具体追求。

创作者在写故事的时候,也应尽量以具体的、能够让受众代入到现实场景中的事件或台词对白,去展现需要表达的东西,而少用过多的描述性词语去主观陈述。曾经爆火的电视剧《香蜜沉沉烬如霜》,男主旭凤的第一句台词就是对着急忙慌的女主锦觅说"下立何方小妖"。旭凤喝水找的是甘甜的清泉,还掏出了非常精致的水晶杯,掩面轻轻啜下口。这样的细节描述,就立住了旭凤具有良好家境和尊贵身份的背景,胜过几百字的优美形容词和主观性陈述。

第二,能够分清需求的主次结构。

用户的需求有大有小,有紧急重要的,有重要但不紧急的,也有紧急但不重要的,有核心功能的,也有附属功能的等。无论用户在这个产品里表现出了多少千变万化的需求,基于产品核心定位的需求,一定要先解决最重要最需要突出呈现和快速解决的需求。突出呈现是指放在用户最能注意到的核心位置,让用户第一眼就能看到。一个产品的资源有限,用户的注意力和停留时间也有限,如果产品经理没有时间观念,或者分不清呈现的主次,用户一定会因为找不到重心而流失掉。

创作者在创作故事的时候,最忌讳的就是生硬地将素材套入情节中。创作者不应追求将所有好的素材融入情节,害怕浪费素材，而是应该更多地从故事内容出发。同时，也不应只为切割更多的用户，生硬地将故事推往不符合的题材。

例如，《杜拉拉升职记》这样的职场故事，女性的职场成长应放在故事创作的第一优先级，先塑造好职场成长，再去叙述爱情。《香蜜沉沉烬如霜》的重点是创作好爱情故事，再陈述四界的冲突。如果故事能够从各方面同时出色地塑造，那毋庸置疑能获得更多受众的好感。但绝大部分情况下，做透核心类型题材同时兼顾四方是有难度的，那么创作者不如将故事的核心部分做到极致，以引起受众的兴趣。

在故事素材的选取上，无论多么优秀的素材，如果不是服务于故事主题、主人公的性格形象建立、人物关系和冲突建立、事件进程展现等，那也是无关的素材，要及时舍弃。一味地堆砌对故事的搭建没有直接作用的素材，只会分散用户的注意力，建议创作者建立分类素材库，有灵感的时候把好的素材累积起来，以供在未来创作时提取。

主角推动故事的主要矛盾，产品解决用户的核心诉求，核心诉求应该占据最多的故事资源（即使群像类型的故事中有多个主角，其实背后也有一个核心需求）。写故事切勿喧宾夺主，到最后分不清到底是讲谁的故事，讲什么故事，谁是主角谁是配角。

4）切忌脱离市场和用户

虽然微信的创始人张小龙曾经说过，"产品经理是站在上帝旁边的人"。但这句话的意思并不是说让产品经理脱离用户，实则是鼓励产品经理要真正全面地了解用户，然后再把自己和用户剥离开来，去发现更多超前的需求。产品经理的口头禅是"要比用户多往前看一年"。

但所有有价值的创新，一定是从用户中来，再回到用户中去的。即便是像张小龙、乔布斯这样非常优秀的产品经理，也是先了解用户，再站到更超前更高的位置去思考创新，最终又回到用户身边来的。而很多产品经理和故事创作者，总是会忽略掉"先了解用户"这一层级，直接去做创新，这种创新大多情况下都是脱离用户，没有价值的。

目前，很多故事脱离用户的现象，是因为创作者并不了解或并不认同中国的市场现状，不了解国情造成的。某些专业从事创作的作者和编剧，很容易轻视中国大众的审美，用美剧、日剧的表现手法给中国用户讲故事。不可否认，"他山之石可以攻玉"，美日韩等内容市场确实在创作上非常具备生命力，值得借鉴学习，但借鉴学习需要本土化。如果只是生搬硬套，会因为文化背景的不同，造成水土不服。

艺术是应该兼顾大多数人的。除了走上神坛的文学瑰宝以外，社会也需要一些服务当下市场需求的精神食粮。一部好作品，既应该有文学价值，也应该具备大众传播价值，能够服务于广大群众。

由于各种原因，中国的经济和文化发展水平不均衡，导致中国市场的用户存在着几级割裂的现象。不过，近几年来，中国的用户和市场其实已经取得了很大的进步。创作者应明晰国情，了解广大受众的需求。对待创作和创新，一定要结合受众和国情的实际情况，真正去发现中国的用户想要什么，喜欢看什么，为什么喜欢看，背后的缘由是什么，怎样更好地为他们服务，怎么为中国的文化和受众的审美进步贡献一己之力。受众无高低贵贱之分，艺术面前人人平等。受众喜爱的作品，就是成功的作品。创作者不应该狭隘地认为，偏爱某类型作品的受众就是"没有审美"。如果总是忽略或看低中国用户的审美，不注重市场和用户反馈，只标榜所谓的"艺术之美"，其实背后是真正的文化不自信。最终，不可能通过文学作品去实现自己追求的价值。

（2）借鉴产品经理的工作流程

产品经理的工作流程往往围绕着几个必备问题：产品定位是什么，围绕定位有哪些核心功能，主要提供哪些服务和体验，为哪些人提供服务和体验，以什么样的节奏力度提供服务和体验，用户从哪里来，用户将来需要怎样的服务。

故事创作与此相同，也需要解决几个必备问题：故事主题是什么，围绕哪些人的哪些事去呈现主题，以什么样的节奏力度呈现，人物从何而来，需要经历怎样的事件，他们如何分工合作达成表达主题的目的。

搭建产品与创作故事有着相似之处，因此，创作者可以借鉴产品经理解决产品问题的思路来创作故事。创作者在创作故事大纲时，要能够借鉴产品搭建的路径，为搭建大纲提供一种思路；在创作故事情节时，创作者要参考产品经理服务用户的方法，加强作品与粉丝之间的联系。

1）故事大纲——借鉴产品搭建的路径

在构建故事大纲时，可以参考产品的构建路径，学习产品的构建思路，进行故事主题、故事大纲的构建。

构建故事大纲，首先需要确定一个故事主题。而故事的主题来源或者说故事的开端，往往有两种方式。有时候来自创作者某一瞬间的灵感；有的时候，创作者已经确定了故事的类型，根据这一类型的特征进行创作。这两类故事创作情境可以总结如下。

第一种，由点及面，从灵感发散，创作出整个故事的主题、人物、素材细节等。许多知名作家的作品，是由一个梦境、一个 idea 发散开来的。

第二种，明确想要创作的故事类型题材，然后围绕着这个题材确定方向。比如，穿越故事一夜爆红后，就形成了以穿越为背景的穿越文这一类大题材。穿越背景的设定，主要是为主人公能够实现某种转变而建立逻辑可能性，在此基础上演变出各种故事内容。

①借鉴产品的提问法，寻找故事主题

在产品从 0 到 1 的搭建过程中，产品经理经常使用提问法确认产品定位，即自我提问产品定位法，了解用户的产品功能需求，然后根据问题，提出解决方案。在故事寻找主题的阶段也能借鉴此种方法。故事的开端也能够借鉴产品的提问法，来寻找故事的方向，从而构思故事的思路。

在真实创作过程中存在两种创作情境重合的情况。比如，一个作者非常想要创作一种类型题材，刚好迸发出了一个灵感。

某段时间，朋友圈疯狂转发一个段子：

> 一名男子在2017年向200多家P2P借款150万元去买房而背负巨债，利滚利下男子根本无法归还网贷欠款。眼看要成为老赖并受到法律制裁时，他购买的房子一年后房价翻倍。于是男子准备去以房还款，却发现借款的P2P全倒闭了。

这个段子被身边很多人讨论，多数人的讨论重点居然是羡慕这个人的好运，认为这样的转折非常"爽"。某作者就因这个小故事迸发了一个灵感：一个普通的"丧"女子，一觉醒来不仅突然甩掉了几十斤赘肉练成马甲线，拥有绝世美颜，还身价过亿，人生发生逆袭走向巅峰。

拥有了故事灵感，也了解了故事类型，创作者可以进行自我提问：自己想要创作一个关于什么的故事，故事的主人公是谁，故事的方向是什么，故事的主要矛盾是什么，写这个故事想针对什么样的用户群。

创作者在心中既然提出了问题，那么接下来便要对上面提出的问题，一一进行解答。解答了主要问题之后，心中会渐渐出现一个故事的思路。

②进行市场与用户调研，确认故事思路的可行性

提问与回答问题的过程，是创作者自问自答的过程。优秀的产品经理不会脱离用户去闭门造车。产品经理在进行需求立项时会进行市场调研与用户调研，通过调研去了解用户是否真正认可提出的产品方案。故事进行调研可以验证是否真的能够引起受众的兴趣，结合调研结果去调整和优化故事具体方案，以期达到最优的效果。

市场调研可以通过分析已有的市场数据、竞品数据完成。调研数据需要真实、客观和全面。之后，可以按照市场调研去判断故事思路。如果某些观点、素材、事件等，在市场上已经屡试不爽地被成功应用并且还有巨大的挖掘空间，那么这些内容可以进行借鉴、保留、优化。如果在市场上明显已经有人试错，且有过惨痛教训，那就尽量规避。市场调研数据一般都有很多专业机构进行总结，笔者在此不赘述，重点介绍如何调研用户。

故事创作者需要重视用户调研，因为故事是最终传达给受众的。只有被受众认可、接受，故事才能真正具备大众传播的价值。

用户调研怎么做？一般来说用户调研有两种形式：问卷调查和用户访谈。这两种调研的重要节点是找准用户和问准问题。

在问卷调查的选取中，用户取样需要覆盖全面，用户切

片分层需要更加细致,尽量能够覆盖到想要的所有目标群体和潜在群体,这样方便更细致地切割和划分。用户的属性筛选,也是同样的逻辑。

中国的地域经济和文化水平发展十分不均衡,市场环境非常复杂。同一个年龄段的受众会因为很多原因,表现出不一样的反应。

以下调研用户的筛选条件可做参考。

性别(男女视角不同,对待问题的解决重点会有很大的区别);

年龄段(如果能够预估一个大致范围,建议以3~5岁划分一层);

地域分布(北上广深杭设定为一类,省会城市和沿海较为发达的城市设定为一类,其他设定为一类);

身份属性(上班族/大学生/高中生/家庭主妇等都是明显的身份属性)。

在为问卷调查设计问题时需要精准提问,让用户的回答真实有效,对验证和优化故事的方案才有价值。设计问题时,可以把创作者"自问自答"环节中的所有需要验证的问题,做成一个个可以让受调研用户理解的问题,然后把列举出来的答案做成选项供选择,并增加自由答案填写一栏;增加任何你想知道的开放型问题,包含提取需要的具体案例素材的开放型问题。开始大面积发放问卷前,测试你的题目是否通俗易懂,确保受调研用户的理解不存在太大偏见。

从心理学上来讲，问卷可能只会得到受众的某些表象需求，某些被选择的选项并不能反映受众心中最真实最迫切的答案。当选择题不能全部概括用户心理的真实潜在需求时，用户会因为游戏规则设置做出反应，从而被心理暗示做出选择，导致数据样本产生偏差。所以创作者还需要结合用户访谈来辅助调研结果。

用户访谈更需要找准受众和问题。因为在访谈环节，有些用户会因为自己的表达沟通能力、双方的信任度、访谈环境等众多因素，没办法开口。访谈的用户应该首选问卷用户。如果问卷结果分割出了非常明显的群体特征，那就需要在每个群体中都抽取定量的用户进行访谈。建议选取群体特征突出、代表性高且表达能力较好的用户。

采访者一定要提前准备好问题，问准问题。如果有条件可以把问卷里除身份属性以外的问题都现场重问一遍，结合用户的问卷答案，进行剖析挖掘，了解答案背后的背景。

在正式访谈前，采访者可以做一个破冰互动，尽量建立一个舒适、信任、自然的访谈氛围。掌握提问技巧，通过访谈挖掘出更多有价值的信息。建议创作者可以先从开放型周边问题提起，这样可以使用户快速轻松地进入聊天场景。比如，上面所说的逆袭故事案例，可以提问："如果突然中了1亿元彩票，你最想干什么？""对近期大家说的锦鲤体质，你有什么看法？"然后慢慢回到拟定的问题。但这里需要注意的是：第一，千万不要打断受访者，即使他有些跑题。当一个人有强烈表达意愿的时候,应该更加细致地去感受他当时的情绪、肢体语言。这些情绪是创作者需要搜集的故事情绪,肢体语言可以辅助创作者做更真实的判断。第二,不一定要完全按照问卷顺序去提问,可以顺着受访者的情绪节点深入发问。问得越深,对后续判断越有价值。第三,不要引导受访者给出答案,不要提示,这样才能收集到更为客观的信息。

③整理用户调研,建立故事大纲

产品经理在调研结束后,一般会把市场和用户调研数据做成一个总结报告,最终得出一份相对客观的结论,然后对照这些结论,去调整和优化需求。如果用户表现出的需求与最初的设想,完全相悖,这时候就需要从"产品经理是站在上帝身边的人"的高度去甄别,到底是结果确实脱离用户了,还是目前所做的是超前创新而尚未被用户全面理解。无论是哪一种情况,都具有极大的风险。

故事创作同理,用得出的结论去判断最初的设想是否对用户具备吸引力,是否在市场上存在价值,是否存在完全相悖的风险。如果大致思路没有问题,那就可以根据调研的数据和梳理的全部问题,按照一般框架创建故事大纲了。

④哪些是故事大纲必备的条件?

主题、人物、故事框架、目标受众都是必要的条件。创作者在确定好故事框架后,可以依照个人习惯寻找或创造素材填充故事框架。在创建素材时应该注重素材库搭建和素材权重分配这两点。一是必须对主题、背景、事件推动、人物塑造、人物关系塑造等产生实际价值的才能作为本故事素材入库，无任何实际作用的素材，无论再好都尽量少出现在故事中。二是主要人物大于次要人物，主要矛盾大于次要矛盾。在完成同一个大的任务的基础上，根据调研数据权重可按优先级呈现。

2）故事情节——参考用户留存的方法

产品经理对于新用户迫切需要解决的最核心的两个问题是：第一，如何优化路径，让新用户最快速地获取到自己想要的服务。第二，如何让新用户快速对产品产生认知、信任，然后留存。

用户如果只是下载产品，并未完成任何指定动作，那就是所谓的"僵尸用户"，对于产品几乎没有任何的实际价值。如果用户仅完成一次指定动作，后续再无反应，那这个用户在还未产生价值或者未完全发挥价值的时候，就流失了。

在网络流量（指在互联网里一定时间内产品或网站地址等的人气访问量）越来越贵的当下，用户拉新难度比较高，且现在的网络用户的时间被太多的产品和服务分割抢占，"移情"的成本非常之低。如果没有在用户第一次接触时留下深刻的"好印象"，那用户后续再次接受产品的门槛和难度就会非常高。

创作者应该绝对重视受众的"第一印象"。现在的竞争不仅仅是同行业竞争，已经扩展到跨行业竞争。如果没有办法在有限的时间里快速吸引或打动受众,那抢走受众的不只是其他更有吸引力的故事,还有可能是长短视频、游戏、图片等更有趣的产品。

那么,在故事创作中,该如何快速吸引受众,使受众对故事建立起良好的认知和印象,并且在一定的周期时间内,对故事持续保持兴趣呢?

用户对故事的首次接触是十分重要的。这里的首次接触,需要结合不同的故事形态。如果是电视剧,那么要考虑的是第一集结束以后,是否还能再吸引观众观看下一集。如果是文本小说,就需要考虑第一章结束以后,读者是否还愿意继续阅读下一章。

除了第一次接触至关重要外,后续的每次接触也必须重视,因为用户随时有可能中断观看。

用户每次的有效合理时间应该结合具体的故事形态和场景来计算。影视剧相对容易估算,一集为一个合理有效的时间门槛,一天的开放集数整时长为一个相对较大的节点。制作团队需要考虑好每一集和每一天的看点足够密集。影视剧第一个时间节点是第一集,第一集中最重要的是前8分钟。能否在这前8分钟吸引观众是关键。虽然影视剧的8分钟能交代的东西有限,但应尽量避免在这8分钟内过于"跳跃"或剪辑"过碎",这样非常容易分散观众的注意力,很难让观众代入。

文本故事最重要的是前20章。因为文字阅读本身门槛相对较高，需要一定的字数才能完成故事交代。但很多读者可能熬不到第 20 章就弃书了。因此要根据文本的前 20 章的节奏进行拆解。

笔者结合常见的读者阅读场景，进行了时间和节奏推算。读者的阅读场景多发生在一些碎片化时间：等电梯、上厕所、早晚上下班交通时间、睡前时间等，大部分碎片化时间是在 10 分钟以内。这就需要确定 10 分钟内，故事能够完成一个小的进展或亮点，给人留下深刻印象。如果是在公共交通上，单程是 30 分钟，那这 30 分钟里，故事是否能够完成一次有起伏的进展或亮点去给人留下深刻印象，是需要重点考虑的。睡觉前一般人均亮屏时间至少 60 分钟，一个成熟读者的日均阅读时长在 60 分钟左右，那这 60 分钟里，故事就要完成一个大的看点，能够抢占读者的心智，让读者在第二天的同样场景中还愿意继续欣赏，甚至挪出其他时间来继续欣赏。

一般网文小说 2000~3000 字一个章节，人均阅读速度 60 分钟能够完成 10 个章节。

如果是 10 分钟，读者的阅读量在 1~2 个章节，预估在 3000~4000 字左右。

如果是 30 分钟，读者的阅读量在 5 个章节左右，预估在 1 万 ~1.5 万字之间。

如果是 60 分钟，读者的阅读量在 10 个章节左右，预估在 2 万 ~3 万字之间。

作为一个创作者，将故事按照产品路径量化核算，在新读者的第一个 10 分钟也就是开篇前 3000~4000 字，一定要完成一个独特的足够吸引眼球的看点，让读者能够被吸引住。这可以包括非常具备亮点的人设或者事件。文学网站上很多女性写言情小说，前几章都在"呈现"男主人设形象，以此吸引读者。

在新读者阅读的第一个前 30 分钟，也就是故事的开篇前 1 万 ~1.5 万字，应该让读者能够初步感知到这是一个什么样的故事，产生一些兴趣点吸引读者往下阅读。但有时候因为搭建故事背景和世界观需要，看点无法如此快速给出，那至少需要在用户的第一个 60 分钟里，也就是前 2 万 ~3 万字，完成一次"看点吸引"。这是一个非常关键的节点，因为这个时长，一般就到了读者的时间断裂节点，再忠诚的读者也会更换场景。如果在这个时间内，读者对你的故事人设、主题、情节等任何一个方面没有产生一点兴趣，那么读者流失的可能性非常大。

业界很多编辑在选稿的时候，十分重视作者的前 3 万 ~5 万字。而在风寰传媒的内容评估体系中，在理论方法考核以外，会单独将故事的前 3 万 ~5 万字推送给抽样出来的目标读者，让他们反馈"是否吸引你想继续阅读"，并以此作为内容的评判标准。

基于此，创作者可以把前 4000 字、1.5 万字、3 万字作为留存的重要节点，在这三个节点里，创作者必须给用户重要的看点，让读者对故事产生认知，也必须完成一些重要的事件构建,让故事对读者持续产生吸引力。在故事的开头部分,很多创作者在前几万字会赘述过多背景,或者选取的素材不足以立住主人公的突出特色或体现人物戏剧的矛盾,没有呈现故事的对抗和冲突,没有抓住重点,而导致用户在第一次阅读的时候就放弃了故事。

创作故事是一个相对有门槛的事情,"酒香不怕巷子深"这个道理,在这个门槛里风险系数较大,好货一定要先亮剑。在故事开头,创作者可以把一个能引起共鸣的"大事件"或者"大看点",在开篇的前三个时间节点就构建完成,以快速建立受众认知和情感留存。新用户是最没有耐心的一群人,创作者需要珍惜每一个"第一次接触"。

当然,不仅是用户和故事的第一次见面十分重要,用户和故事的每一次见面都应该被认真对待。读者的阅读场景,在周期内都是按一定规则重复的。在后续读者的每一次有效阅读里,故事都应该考核完成一个"留存指标"。很多故事,开篇十分吸引人,但中后期开始拖沓注水,甚至烂尾,造成用户的大面积流失。

故事后续的每次阅读见面,依旧可以参考 4000 字、1.5 万字、3 万字节点,去合理安排故事的节奏,以做留存。这三个节点代表的受众每天的场景实际上是一致的。所以创作者需要坚持做到每 1~2 章要抛出一个新的看点,每 5 章、10 章要有一些新的高潮起伏。

最后,如果还是把握不好内容的节奏,建议创作者将自己的前 10～20 章拿给部分用户阅读,询问用户的直观感受。受众调研是最有效最客观的反馈,他们不仅可以帮你做判断,甚至能够找出创作者从未发觉的隐藏的亮点,创作者可以据此对故事内容进行调整。

(3)学习产品经理的创新思维

克莱顿·克里斯坦森等创作的《与运气竞争——关于创新与用户选择》一书里,以理解用户未完成的需求作为理论基础,将创新定义为"理解你的用户想要取得的进步,并打造出合适的解决方法及配套的体验,以确保每次都能为用户出色地完成任务"。这是目前笔者比较认可的对于创新的一个定义。所谓的创新,应是围绕着人的需求和选择展开的。产品经理应该要看到 1 年后的发展。无论产品创新还是故事创新,都应该去思考,需要哪些服务,满足这些用户需求后用户可能还会产生哪些新的需求。这些不断满足用户的体验和服务,就是创作者需要的创新点。

社会在发展,时代在进步。人性的七宗罪依旧没有发生改变,但是人心却一直在变化,每个人的内心其实都在渴望进步。比如十年前的小说传递出的女性悲苦形象,因为社会的进步而逐渐不再符合现代人的价值观。现如今,女性渴望打破现状拥有更多的自由,并释放自己的价值,所以近几年创作出的很多大女主的故事颇受欢迎。

故事的创新,归根结底是从需求源头出发的。创作者可以思考人们当下的需求或者未来可能产生的需求，从人性对于进步的渴望中生产出更多创新的服务。

粉丝运营

网络流量，指在互联网里一定时间内产品或网站地址等的人气访问量，一般用来评估用户数量。比如，某个剧推送了200万的流量曝光，就是说这个剧推送给了200万人。从2016年开始，整个互联网基本度过了流量红利时期。无论是大平台还是创业者，新增流量都是需要核心解决的难题。目前，文娱内容市场的新增流量也是一片红海。

随着通信业的发展和移动互联网的普及，长短视频、直播等新生行业的快速发展，给内容行业带来了强烈冲击。在这样一个单个用户的获取成本越来越高的环境下，网民用户拥有更多的选择机会，"移情别恋"的成本非常之低。当下的流量竞争，已经不再是网文与网文的竞争，还包含了异业竞争。故事的创作者，需要和大量娱乐软件抢夺用户的亮屏时间。

如何有效转化用户，如何在竞争激烈的环境中，让核心用户成为裂变传播者，不仅是产品运营的重要课题，也是故事创作者需要考虑的重点。

（1）粉丝的增长模型

AARRR模型是最基本和常见的流量模型。它是由硅谷投资机构500Startups的联合创始人戴夫·麦克卢尔（Dave McClure）提出的。此模型根据不同阶段用户参与行为的深度和类型，被誉为"海盗"指标模型。AARRR是Acquisition、Activation、Retention、Revenue、Refer这五个单词的缩写，分别对应用户生命周期中的5个重要环节：获取用户、激发用户、提高留存、增加收入、传播推荐。对应在故事创作者身上，就是创作者应该主动增加曝光以挖掘用户，提升用户的留存转化率、付费率，让自己收获更多的粉丝，获得更多的利益。

在留存率和付费率恒定不变的情况下，扩大用户体量本身就能帮助创作者赚取更多流水并分发收益，而粉丝作为品牌价值，体量增大，还能够促进影视作品/游戏版权的交易达成。

在用户体量恒定的基础上，提升留存率或者付费率，能最大限度地挖掘出用户的价值。这些价值转化到下游影视/游戏项目中，也会带来非常可观的回报。

1）获取用户

新开张的商场会在络绎不绝的街头派发宣传单，以引起客人的驻留。拿到传单的用户进入商场，商场就完成了第一步——用户获取。小红书App会在热门影视剧播放的时候，在视频页面插播商品贴片广告，以福利形式刺激剧粉转化为自己的粉丝。用户通过视频网站扫码下载了App，就实现了第一次拉新。获取用户是流量漏斗的第一步。

除了上架平台提供作品的曝光获取用户以外，各位故事创作者还应该以更加积极主动的心态，将故事当作自己的产品去运营，既要配合平台的流量扶持，争取获得更多的流量曝光，也要主动利用各种社交流量、自媒体流量去为自己的作品获取用户。

这里也有一些诀窍，比如你创作的故事正好符合某个热门话题，可以在微博上去加话题引流。拉新有很多种方法，专业的增长黑客能够从很多大家意想不到的地方挖掘出用户。各位故事创作者可以思考，在哪些地方，怎么做，才能去挖掘出更多的用户关注自己作品。

2）激发用户

当你在街上被一个陌生人推荐下载某款App，回家后立马就卸载掉，或者放在手机里再也不会点击，并未在App上发生任何行为，那么哪怕你下载过这个App，对这款产品来说也只是一个无效用户，并没有价值。

在产品运营的方法论里，一般都会在用户下载以后，以非常诱人的刚需福利去引导用户完成某个"指定动作"，例如注册、登录、填写兴趣偏好等，通过这些"指定动作"的完成，用户开始为App产生商业价值，这就是激发用户。

作为故事创作者，无论是平台带来的流量曝光，还是自己从外部吸引来的新用户，到了故事跟前，最需要用户做的就是开始阅读。除了平台设计的产品功能引导外，故事创作者自身也可以设计一些策略方案，让用户能够立马被吸引进来。

最常见的手段是，很多作者会在书友社区里发放书券红包吸引大家的阅读。还有一些有效做法，创作者可以参考使用：向用户提一个他一定会感兴趣的问题，把答案藏在书里。或者把故事的爽点在社区里先抛出来，吸引用户来观看。如果能够快速简短地抛出故事亮点，也能很快地激发用户开启阅读。比如一本悬疑小说，故事题材特色，故事的伏笔和包袱埋得较深，需要用户付出较长的时间成本才能抓到爽点，但这个悬疑小说本身确实是一个看进去了就容易让人深度沉迷的故事。那么创作者更应该主动去挖掘用户，并且以爆出看点、提问吸引注意、提供福利、引发用户联想等方式，引导用户产生阅读行为。

3）提高留存

留存很重要：根据多年的互联网流量运营经验，留住一个老用户的成本是远远低于去获取一个新用户的，所以提高留存率是至关重要的，基本也是考核一个故事是否吸引人的核心指标。

4）增加收入

盈利是所有商业的本质。但笔者建议各位创作者可以先把重心放在写好故事上。好的故事，用户的买单意愿更强烈。把故事写好，聚焦好粉丝做好影响力，那后续收入就不仅仅是通过产生阅读付费的收益。好的内容可以衍生出很多种盈利模式，笔者在开篇已经对故事的价值做了详尽的阐述。

5）传播推荐

在《惹上冷殿下》的预告片和第一集弹幕中，至少有三成是书粉贡献的评论。他们不仅活跃在电视剧里成为书转剧的第一波流量，还在微博等自媒体平台自发为网剧做宣传。口碑的力量无穷大。而社交网络的兴起，用户的社交流量（包含朋友圈、微博、口口传播等）又具备更大的价值——低成本，高转化。

一个成功的创作者，不仅要能够创造出好的作品，更要学会搭建好作品的影响力，用心经营粉丝，凝聚粉丝力量。创作者应该主动积极地与粉丝进行互动，从内容上了解他们的需求、反馈。让粉丝不仅认可你的作品，更认可你的真诚和用心，愿意自发为你去做裂变或传播。

（2）粉丝的精细化运营

互联网行业早已开始了精细化运营，即按照用户的属性，对产品的行为阶段表现和某一个周期内的行为反馈，进行精细化切片分割，以千人千面的方式，定点解决不同用户的个性化需求。而故事阅读用户本身也是一个庞大的群体，他们在不同的阶段，也会存在不一样的需求，想要得到不一样的服务和体验。

1）几个基础用户分层

第一层，新老用户划分。在产品中会将注册15天之内的用户，划分为新用户。可以以15天为一个周期，定期针对新用户，进行一些"迎新问候、答疑解惑"。让新用户对创作者本人建立起初步的好印象。如果粉丝数量不高，创作者甚至可以直接输出粉丝的名字，这样能够让粉丝体会到创作者的用心。而老用户，既需要维护感情，更需要经营管理，因为他们是产品的主力军。老用户体量较大的时候，建议建立一个统一的专属于创作者与粉丝的别称，让粉丝有一个统一的归属感。在节假日或特殊日子里，以专属于两方的文化符号，做周期性问候。作为一个创作者，需要关注自己粉丝的留言和反馈，尽量回答一些典型的问题，搜集粉丝们的建议。

第二层，老用户中的"粉丝管理者、核心用户、潜力用户、沉默用户"划分。粉丝管理者在明星圈里叫粉头，他们往往是粉丝群体的意见领袖，会协助经营管理粉丝。如果粉丝体量不是特别巨大，创作者可以和粉丝管理者私下建立联系。如果粉丝数量庞大，也可以选取助理去重点维护。或者再把粉丝管理者进行分级维护。核心用户是愿意为创作者花费时间、精力和金钱的用户，他们往往会为创作者奔走相告。潜力用户是在金钱、时间、精力某一方面愿意为创作者付出或者可能为创作者付出的用户，潜力用户是能够转化为付出用户的。对他们进行合理分层，既能够更好地经营粉丝，还能够确保不会因为自己的过度经营打扰到用户（有一部分人习惯沉默，从不产生除阅读以外的其他行为）。

核心用户不仅能帮助维护粉丝群体，做好裂变传播，还能够为故事创作搜集素材和反馈真实意见。作品是创作者和粉丝构建联系的重要方式，但并不是唯一的方式。但凡一个真正走得长远的大明星或者大作者，除了拥有优秀的作品以外，都是用真诚去维护粉丝的人。当然分层并不是说尽可能去向用户圈钱，而是让创作者知道是哪些人在做贡献，怎样依据这些人的特征，找到更多的他们，满足他们更多的需求，更好地创作、创新。对于这样一群提供核心价值的粉丝，创作者一定不要把自己列在神坛，要真诚地心怀感恩。用户既是创作者的衣食父母，也可能成为创作者灵感的来源。

2）建立品牌价值

作品拥有品牌价值能够更迅速地获取用户关注。但最好的品牌应该是由作品内容＋在平台的展示效果＋粉丝的互动评论三方面组成。所以创作者要做到如下几点。

第一，要经营好个人的作品内容，尽量有自己的标签体系。

第二，要积极争取平台资源并做好配合，更好地展示自己的作品。

第三，要与用户针对内容、创作产生更多有价值的互动。创作者应注意自身的言行举止，一个人的素质反映了一个人的本质修养，也会映射到作品上。

作者晋升

（1）作者签约与作品上架

上述章节，都是针对已经有成型作品，且作品已经在平台上架的作者而做的产品和运营经验介绍。但现实情况中，有很多故事爱好者，已经萌生了创作的想法，或者手头上已经具备了作品，只是苦于找不到输出平台，不知道如何让作品上市并获取阅读用户。在这个章节，笔者会先介绍如何推出自己的作品并找到合适的输出平台，然后以掌阅平台为例，给大家介绍如何在大平台里，获取更多的资源，晋升为更高等级的作者。

首先，市面上有很多家平台、版权机构、经纪公司、内容公司。征文大赛、平台报名自荐或被引荐、投稿、编辑挖掘等，是常见的几种方式。创作者可以先研究各大平台的内容优势、培养能力、福利待遇等，然后根据自己的作品类型，想要发展的方向，想要获得的条件，去对标在哪一个平台更适合。接着考虑自己到底是个人入驻平台，还是通过经纪公司、版权机构、团队组织等方式入驻平台。这是因人而异的，不同的合作模式收获有差异。比如名气大的作者一般会选择自己成立工作室直接入驻平台，或者个人直签平台。而一些新作者会选择和一个机构绑定，让机构的人系统地培训自己，为自己争取到更大的资源，然后通过机构去运作，选择平台上线。也有一些新作者通过自荐、他人引荐等方式直签平台。各大网站平台在主站上都会留有编辑的联系方式，或者征稿的入口。作者可以按照每家平台的要求提交材料。

入驻以后，作者需要签订作品约和个人约。目前很多家大平台都是签订个人超长约。因为作者的孵化周期十分长，平台为了能够在孵化出作者以后回笼成本,所以会签长期甚至是终身的合约,以做好双方捆绑。对于作者来说,最初签订终身约,可能压力会比较大。创作者可以根据自身情况去选择。

作品约和个人约的差别在于,作品约只约定合同里规定的作品,个人约包含了作者个人在约定周期内的所有作品。这两种方式各有利弊。作者在签约的时候,可以结合实际,通过分析约定的利益是否匹配双方的投入产出来考虑。新人作者,一般平台会拿去大头分成,因为平台在培养作者的过程中,需要投入的更多,承担的风险更多。欢迎各位创作爱好者加入我们风寰。我们旨在1对1打造最具潜力的优质作者。为合作的作者量身定制个人品牌和创作指导,提供内容盲测、内容营销与粉丝运营,以及提取内容亮点和改编建议,做影视化销售和孵化。与一般的经纪公司比,我们有更系统的方法论和顶级平台资源、影视制作资源等。也更有流量运营、粉丝运营、品牌运营的全产业链经验。欢迎有兴趣的朋友扫左边的二维码,关注我们的公众号,私信回复"作者"与我们取得联系。

风寰传媒二维码

（2）平台的流量与资源分配——以掌阅为例

相信很多作者，在挑选平台的时候，既会看重平台的类型风格、评估流程、晋升制度，也会看重平台的流量资源能够为自己创造多大的价值。每个平台根据自己的战略布局，会有不一样的内容评估流程，也会有不一样的流量推荐和作者晋升规则。而无论多大的平台，流量资源在一定时间内是均衡的。下面以市场用户量排名第一的阅读公司——掌阅为例，通过采访掌阅公司一些主编、主要运营负责人，来重点为大家介绍掌阅的作品评估流程和流量推荐逻辑。

1）掌阅的作者评级策略和对应资源、晋升制度

掌阅会根据收入对作者进行评级，划分出星级作者，目前共有十个星级。不同星级作者，会对应不同的硬性和软性资源，包括年会资格、帮作者开工作室等。

收入不仅包括电子销售收入，也包括版权收入等其他收入。具体可以参考掌阅小说网的福利板块：

http://yc.ireader.com.cn/static/fl/

2）掌阅对作品的评估流程

掌阅对作品的评估流程主要分两方面。

一方面是内容评估。在一本书签约之前，编辑组内会进行第一次内容筛选和评审。在签约过程中，责编会逐级递交给组长、主编、总编提审，内容评估价值越高、签约成本越高的作品，向上递交的概率越高，流程也就越长。

另一方面是数据评估。签约之后会根据不同类别的书，

进行数据化评级。主要考核作品的创收能力。前期，数据评估只能部分地评估出作品在平台的电子销售价值。

如果作品是纯新作品，因搜集的数据源较少，可能并不会百分百准确。所以，内容评估和数据评估在作品的成长流程中有前有后，但在实操过程中，这两个评估是始终并行的，这样做的目的是更加全面地评估作品，不会因为某一些点甚至是盈利能力不强，而错失一部好作品。比如，一本小众类型的作品，付费收入不亮眼，但口碑很好，在掌阅也可以成为一部重点作品。

3）掌阅对作品的分配原则

在掌阅平台上，会把作品划分为新书期、成长期、成品期等多个阶段，不同的成长阶段对应不同的扶持政策。每个成长阶段，都会根据同时期同资源的书籍，在相应的资源位里获得不同的用户交互反馈数量，例如，留存情况、评论数等，做相应的晋级，以保证新作品能够有机会冒出，优质作品能够得到更好的曝光。

当然，在晋级过程中因类型限制存在劣势的作品，如小类、特色作品，在流量分配过程中，会得到一定流量的扶持。

4）掌阅的流量算法逻辑

掌阅在流量算法上、内容上的主要参照指标有以下几点：下载转化、付费转化、跟读率的降速轨迹以及人均付费ARPU值等。

5）掌阅为作者开发的核心功能介绍

掌阅平台为作者推出了一系列功能，目的是加强作者与粉丝的互动，提升作品本身的热度。

作者账号特权：加精、置顶、发图以及管理评论区。作者可推荐粉丝给官方，开通书圈管理员权限，辅助作者本人共同管理书圈。

作者有话说：作者个人主页拥有"作者有话说"功能，可发布内容与读者互动，且可选择是否同步到当前书籍的章节末尾页。

掌阅也对部分配合力度高、深度合作的作品，给予更高的用户曝光权限，目前测试进行的有将作者的留言弹窗、站内信息群发给作者粉丝等功能。

6）掌阅写给作者朋友的寄语

掌阅希望可以为作者提供更多更方便的功能，不仅可以让作者更深入地与粉丝互动形成圈子，同时也可以更清晰地看到作品在平台上的状态。所以在不断推出功能的过程中，希望作者可以更投入地参与进来，并提出意见和建议，最终达成功能进步的效果。

（3）获取流量与资源的小窍门

所谓知己知彼，百战不殆。故事创作者第一步应该先研究平台的流量和资源规则，在规则内争取获得更大的支持。这不是拉拢人脉打关系，大的流量平台都在规范化操作，建议大家能够以更主动积极的姿态去配合平台，以获得更多资源。

1）研究平台政策

如果连一家平台的资源分配规则和政策都不了解，那肯定是十分被动的。比如笔者曾经有一位合作方想要入驻一家龙头阅读平台。按照书籍评估和资源分配，部分书籍会在一定时间段进入 VIP 书库（VIP 书库是指用户包月以后可以免费看的书库，区别于点播付费）。但是合作方不同意，认为免费和入 V 可能会切割到结算利益，最后此事不了了之。

实际上，平台的免费活动，和书籍的免费试读章节一样，是多数平台的新书流量扶持方法。可能大部分版权机构或者作者不太了解目前的用户现状。内容行业目前的付费率还不太高，特别是阅读行业，大部分人群还没有养成付费意识，这波群体的潜力十分巨大。针对他们，最好的方式就是先以优质的福利和内容刺激他们，然后再靠内容质量促使他们付费转化。很多书籍有很大篇幅的免费章节，这是因为哪怕用户具备购买力，付费能力强，挑选一本书阅读也是有时间门槛的，而付费转化又是其后最大的门槛。用户的付费转化需要一定的时间周期培养。如果不先用免费去吸引用户观看，除非知名大作或创作者粉丝黏性超高，否则用户连第一章都不会看。

那么，如何研究平台政策，研究哪些政策呢？

第一，要全面了解整个平台的内容分级和对标的流量扶持逻辑。判定自己在什么级别，能够获得哪个区间的支持。

第二，要研究清楚晋升规则，哪些关键要素是升级的必备条件。毋庸置疑，评级越高的作者获得的资源越多。

第三，要研究清楚平台的推荐节点和推荐逻辑。数据推荐算法有很高的学习门槛，创作者不一定要去弄懂，但一定要知道大致的时间节点和推荐思路。比如，你所在的阶段一般是在什么节点，用哪一种资源去做推荐，这个资源里的关键要素是什么。用抖音举例，抖音主要推崇内容为王，精细到单条内容的单位流量里用户转化、用户交互频次、交互深浅，粉丝数所占的推荐权重并不是最大的。无论多大粉丝体量的网红，都需要把控好自己的每一条内容，要了解得到多少人的转赞评论才能获得更大的流量。

第四，要研究清楚平台有什么可以争取的额外福利政策。对于一部优秀的作品，优秀的销售和运营都会主动出击。建议故事创作者要多向平台管理人员咨询政策，多了解现有政策以外的福利。

2）研究平台的功能特点

产品的功能搭建逻辑实则是一个需求分配逻辑，不同的功能解决的诉求不同。当客人走进童装店时，不会妄想去买成人装。各位创作者驻扎一个平台，建议要深耕一个平台，了解一个平台，清晰地知道平台的核心功能点，然后思考每个功能下解决的是哪一群人的什么需求。

例如，很多平台都设立了签到页面，用户完成签到，即可获得平台赠送的虚拟代币。虚拟代币可以在有效期内购买付费书籍。因为每个阅读平台的免费群体都十分巨大,所以签到页面,都是超强的流量聚合页。各大平台在把用户以发放福利的形式强聚合起来以后,就会潜移默化地做一些其他"指定动作"引导。比如在这个位置做内容/活动/品牌推广,甚至商业化变现。来到这里的用户的核心诉求都是获得福利,喜爱福利的用户最明显的特征是喜欢看免费的内容。

研究这些功能,可以帮助创作者更好地营销。如上文中提到的签到页面。创作者获得这些资源位推广的时候,应该对今天是什么样的群体在关注内容有所了解,并立即针对他们可能感兴趣的方向,进行留存运营。笔者团队曾经为一个作者在签到页面做了推广。当作者知道来访的粉丝量会很大的时候,他马上配合做了一个抽奖送礼的活动,并写了一些感言来与粉丝互动。这一举动令很多粉丝感动,他们留言表示高兴,愿意继续关注作品。

当然,并不是每个创作者都能获得同等量级的资源位。但研究一些基础功能也是必要的。比如平台新上了礼物功能,粉丝自发送了礼物。在哪里可以感谢粉丝,在哪里可以让粉丝聚合应援,这些都是需要去研究的。

没有一蹴而就的成功,只有步步为营的打造。

3)要有主人翁意识,积极配合平台

在合作中,无论谁更占据主控地位和优势,合作都是需要双向努力才能达成最高价值的。一般而言,平台的管理者都是一对多地服务作者，建议创作者多主动沟通，多积极配合。双方不是对立方，而是利益共同体。平台既是平台方的，也是创作者的。创作者应该更加具备主人翁意识，既要积极主动地配合平台开展工作，也应该提出利于平台发展的建议，和平台共同打造一个良好的创作环境和运营环境。

4）多去尝新

一般一个新功能上线，都会有大量的流量倾斜，先行者总是能尝到福利。前几年的直播大战，因为平台需要保证开播量，2015年年底进入市场的经纪公司和主播，无论质量优劣绝大部分都能盈利。

平台在推新功能的时候，也是需要创作者去配合的。很多创作者会认为这是单方面在帮平台。恰恰相反，平台此时用自己成熟的流量去推送新的功能，创作者配合平台做好新功能的需求，是一个双向互利的合作。

有时候平台会筛选并邀请匹配度和配合度更高的创作者给平台提建议，得到机会的创作者应积极配合，好好研究新功能，抓准机会。哪怕没有成功，因为较好的配合也会赢得平台的信任，后续获得支持的机会更大。

有时候平台是公开邀请制。这种情况下，也会有先到先得的分配逻辑。这种情况下，创作者可以积极争取机会，无论多少，无论结果如何，积极争取比被动等待安排要好。

既然在一家平台上线，就更应该多多关注和学习平台的新功能和新政策，创作者可以早早准备并加入进去。因为除了平台的流量倾斜以外,"新鲜感"也是用户的需求之一。无论新功能政策是否真的源远流长,用户都会因求新而接触一遍。

创作者可以从产品经理的思维中获得一些思路、方法,创作出更多让用户喜爱的作品,并积极主动地为自身拉来更多的资源支持。在获取资源和粉丝以后,能够有逻辑、有节奏地经营粉丝和品牌,实现更大的传播价值、文学价值和商业价值。

八、故事的发展与变迁：
人性未变人心在变，代际变化中如何挖掘新的好故事类型

变化的驱动力

——人民日益增长的物质财富所产生的对文化消费同步增长的需求。

我国文化产业发展的趋势,与从生理需求到自我实现进阶的马斯洛需求层次理论相吻合。随着经济的不断发展,城乡人民在解决了物质上的需求后,逐渐开始在精神文化消费上有更高的要求。20年前,人民痴迷于琼瑶老师的著作,为女主的感情牵肠挂肚,为情节的坎坷潸然泪下,当下,该类苦情剧所设置的苦难情结,以及定义的价值观、人与人之间的关系与社会阶级形态,显然已经不契合当下消费者的诉求。受众寄托于故事的,是在现实生活中难以完成的自我实现,比如《延禧攻略》中魏璎珞敢于冲破皇权桎梏,快速处理所有的恶势力,使沉冤昭雪;比如《双世宠妃》里离奇的穿越故事,给观众带来了探险一般的恋爱体验。新旧区别的原因在于,大家都不愁吃穿了,谁还愿意苦情?而是更愿意去故事里体验一下自己做不到的事、遇不到的人、学不到的知识、看不到的美景。另外,物质生活的丰富带动素质的提高,素质的提高带动对故事的质量要求的提高,粗制滥造的故事、靠码盘生产出来的作品,将会被市场淘汰。因为基础建设、特殊政策等历史原因,目前我国经济发展的速度远超文化消费增长的速度,也代表文化行业将迎来巨大的发展机遇。而当下市场上的故事供给远远不能满足民众的需求,创作人员只要认清现在的鸿沟,开发出符合代际价值观的故事,必能再造无数个"大神作品"。

不变的价值观与诉求

(1)女性向需求

1)对感情的渴望

多年来,女性受众在故事里一直想要寻求一份"完美"的爱情。由于现实生活中的爱情经常不圆满,女性倾向于成为故事中的角色,希望尝试爱与被爱的感觉。无论时代如何变迁,女性终究会被故事里引人入胜的爱情所吸引。虽然几乎每个故事都会涉及爱情,但是其侧重点是否从女性的视觉感出发,是否能满足女性对于另一半的要求和对互动程度的渴望,对于她们是否会喜欢该故事至关重要。能将爱情写得深入人心的作品寥寥无几,凡是能做到的几乎都收获了足够多的点击率或收视率,并成为那个时代的佼佼者,这是因为爱情是最广大的受众最为普遍的渴望,而大多数作品都没有写出真正触动心弦的爱情。

对于亲情的渴望同样是女性受众一直关注的话题。由于女性天生带有母爱情结,她们会在故事里找到一些像孩子、家人一样的人物并在其身上倾注自己的感情,俗称产生"保护欲"。对很多"家庭伦理剧"里的人物的喜爱也是出于对亲情的需求。女性的性别特征使其更关注家庭,因此很多"婆媳剧"对于亲情关系、家庭互动的讨论很吸引女性受众。

对于友情的渴望则是出于在社交上希望获得满足感的需求，受众希望在平等交往的环境中得到其他人的认可，也希望能够互相扶持。女性之间的姐妹情在《小时代》《欲望都市》等剧里展现得淋漓尽致。在每年层出不穷的青春作品中也得到了反复的体现。

2）安全感

在性别分工史上，女性多年来处于一个"主内"的角色，需要依靠男性。虽然近些年来女性的自主权有了极大的进步，但整体而言，历史所留下的社会意识仍然占据很大一部分受众的心智。女性希望去寻求依赖感和安全感，希望受到保护，并希望降低风险。这就是"霸道总裁""暖男"人设经年不衰的原因。提供物质上的保障、提供精神上的慰藉、提供社会关系里的支撑都属于提供安全感。人都有脆弱的时候，在女性脆弱的时候，更希望有一片宁静的港湾，一个稳定的场景，而安全感是故事可以向女性持续输出的元素。

当安全感被剥夺的时候，受众的情绪会产生起伏。此时便是讨论、挖掘该元素，铺陈阶段情节的最佳时机。大家代入了情节，假想自己也许处在同样的位置上，并开始期待安全感的回归，因此有了无数"丑小鸭逆袭"的故事。漫长的等待直到逆袭的那一刻，受众渴望获得安全感的需求才得到满足。

但要注意的是，安全感的给予需要取之有道。没有无缘无故的爱，一切都要有根有据。如果处理不得当，会显得女主很"玛丽苏"。脱离实际的安全感，会让受众对故事的公信力产生怀疑，从而放弃。

（2）男性向需求

1）自我价值的实现

男性相比于女性，看的故事（尤其是影视剧）相对少，但是有很多作品拥有忠诚的男性粉丝。比如说《权力的游戏》《纸牌屋》"金庸系列"、《海贼王》等。这类作品主要是能让受众有代入感，在虚拟的世界里实现自我价值。

我们之前说过，人只能选择一种生活，但是故事会带来另外一些生活体验：可能是没有条件去选择的道路，可能是从来不敢想的生活，可能是心所向往的人。故事让受众站在上帝角度阅遍世间美妙绝伦的风景，感受黑暗绝望的时刻。男性天生更为关注自我价值的实现，在现实生活中暂时不能实现的目标，可以通过虚拟的故事中的角色来实现。

实现自我价值未必是追求权力。虽然在很多优质的故事里，男主角的情感总与权力、实力、美女密不可分。但有更多的优质作品，是在讨论追求正义、坚定不移、挑战权威、倡导自由。绝大部分金庸的武侠作品，主人公在实现自我价值之后，都放弃权力遁世而去。《权力的游戏》主人公雪诺在成长过程中多次放弃权力。而实现价值的过程以及对该价值的讨论与反思尤其重要，自我价值的实现主要追求建功立业,创造价值并对社会产生极大的影响力,沉迷于权色将拉低人物的品质。侠之大者,为国为民,但不留恋功与名。真正达到这样一个思考高度的作品,其受众也将不限于性别,这样的价值观大家都会认可。

2)特别的文化体验

另一类拥有无数男性粉丝的作品是热血类,例如漫威系列、玄幻类(如《斗破苍穹》等)。这类作品除了塑造英雄人物,表达对自我价值的实现之外,也在为受众提供独一无二的场景塑造和文化体验。在这类故事中,精良制作(对于小说来说则是语言的精确刻画)是保证绝佳的沉浸式体验的关键,也是受众认可的决定性因素。

漫威在漫画和电影中为受众制造了一个幻境,在幻境中能体验到平时所不能体验的新奇,其画面和审美符合受众的预期,这是在绝大部分别的影片中体验不到的审美高度。在这样的情境中去感受主角的力量和坚定,比其他的讲述更有说服力。这样的体验已经成为票房灵药和宣发标签,但要注意,其本身故事内容的打磨也非常重要,低于市场预期的内容即使配上顶级的特效,也不会获得认可。

中国玄幻类小说在场景架构上也做得非常出色,加上世界观宏大,这样的文化体验让无数受众沉迷在文字所创造的幻境中。但在影视剧作品中,幻境场景的制作并不到位,很难匹配小说中的想象,达不到受众的审美和期望,再加上很多核心思想和情节在改编中因为各种原因没有突出,在扎堆的玄幻市场中失去了特色,造成很多粉丝流失。相比之下,一些玄幻动画片,由于发挥空间大了许多,只要内容精心打磨,点击和口碑有可能会超出预期。

正在迭代的需求

(1)故事逻辑严密性

随着中国整体国民素质的提高,受众对内容的逻辑要求日趋严谨,已经"不那么好忽悠了"。本质上更贴近社会大众思维的内容才会产生共情。往年流行的悬浮剧,即靠逻辑难以立住但靠基于写作技巧而创作的强对抗情节支撑的作品,近年来的表现越来越差,归根结底是观众的背景知识越来越丰富了,对于这类剧也审美疲劳了,一些套路情节已经无法说服他们。逻辑严密的作品容易保持受众黏性,吸引受众继续往下看,也容易获得信任与认可,从而塑造出有长期价值的人物。

在逻辑严密性上做得比较好的诸如《琅琊榜》,已经成了故事品质的时代标杆。《琅琊榜》男主角梅长苏沉冤昭雪的过程层层展开,丝丝入扣,险象环生却每每化险为夷,不断有新的逻辑钩子吸引着受众去看下一集,是新时代逻辑严密的作品的典范。该剧获得了极好的口碑,往往这类标杆剧在靠其逻辑品质进入受众的心智后,容易获得极高的品牌溢价,《琅琊榜》的制片公司正午阳光就因为该剧身价百倍,观众也对他们之后的作品连带产生信任，销售价格和关注度都高居榜首。

逻辑严密的作品，受众群体并不受性别限制，比如《白夜追凶》看似是男性更为钟爱的悬疑探案剧，女性受众比例却高达53%。高智商、强行动力塑造出来的硬汉，本来就是男女通吃的人设。

（2）故事情节紧凑性

近年来，中国的很多电视观众迷上了"美剧""英剧"，觉得国剧拖拖拉拉。的确，一个重要的迭代需求就是情节的紧凑性。改革开放以来，经济发展的步伐日益加快，竞争日趋激烈，其结果是个人生活逐渐多元化，生活节奏加快，加之抢占时间的各类文化产品也极多，无法快速展示自己核心价值的故事将会被放弃。20年前的故事节奏大部分已经不能适应现在大众的口味了。

然而，也不要一味地认为"美剧""英剧"的节奏可以直接照搬过来。2018年有一些商战剧盲目模仿西方剧，结果播放量很低。内容的确打造得十分精良，但是对于中国受众来说，很难跟上故事发展的节奏，看着看着，就不知道情节已经进行到哪里了。因此，在节奏跟上时代的前提下，也要把握受众的背景知识是否能匹配。

国内有一些在节奏上把握得特别好的剧，比如《锦绣未央》《延禧攻略》，前者在前几十集几乎每两集的节奏都是"第一集有反派来为难女主，第二集女主克服了困难"；后者"主角连着打无数反派的脸，一个接一个不停歇"。这两部剧以紧凑的结构和精彩的情节分别获得当年点击率或收视率的前三名，仔细分析来看，其情节在其他同类产品中均有类似桥段，但这两部作品把结构上的紧凑布局做到了极致，既不快也不慢，给了受众恰到好处的节奏体验。

（3）故事价值观与时代的同步与共情

《又见一帘幽梦》里有句著名台词："你失去的只是一条腿，但紫菱她失去的是爱情啊。"相信读到这句话的读者都感到毛骨悚然。过去的一些观念放到今天，的确已经不再适用了，不仅不适用，简直是雷区。创作故事的时候，一定要非常熟悉现实社会大众的集体意识形态，通过线上社交媒体和线下聚会活动多了解受众心理。只有与时俱进，作品才能与受众产生共情。

价值观的共情不仅仅体现在台词对话中，也体现在作品的各个层面。比如世界观架构是否符合当今观众的审美？多年前在"大锅饭"、集体供应的背景下，集体主义思潮居多，因此恶婆婆的苦情剧能够得到大家的认可。可是当今时代更多的是彰显自我优势，大家可能心底根本就不再接受一些旧式障碍——因为在如今的社会中，已经很难想象一个人被恶婆婆不断欺负还能心存感恩。人人平等、人人生而有机会改变命运是大家的共识，因此当《延禧攻略》的女主角作为一个社会底层的人物,却能与比她优越很多的阶级对抗的时候,大家都拍手叫好。而在一些都市爱情剧里,人物之间的感情关系,是否符合大家的价值观也十分重要。总体而言,大家对于感情的开放程度有所增加,但是边界还很模糊,因此《我的前半生》与《创业时代》里对男女主之间感情的讨论引起了网友的热议,可以说是见仁见智。

(4)故事题材的创新

每年都有一部分敢为人先的故事会在题材上做大幅度的创新。题材的创新,相对受众来说是一个非常独特的存在,在宣传上很占优势。比如《柒个我》,主人公有七种不同的身份并在中间随时切换,七种身份的设置几乎囊括了市场上大家关注的绝大部分的典型人设,从一开播就从市场上一众循规蹈矩的剧中脱颖而出。

在题材的创新上,韩剧是走在前列的,不管是在《来自星星的你》中女主角与外星人霸道总裁谈恋爱,还是在《W两个世界》中漫画世界与现实世界互相融合,都成功地因为题材的大胆而吸引到一批大呼过瘾的前期观众。

然而,题材的创新并不是故事的一切,光有脑洞而不打磨故事的质量,受众后期也会流失。而题材大幅度的创新,往往伴随着重构一个不熟悉的世界观和人物关系,也会面临非常大的创作挑战。比如说,韩剧《阿尔罕布拉宫的回忆》敢为人先地将 AR 游戏植入都市爱情剧,结合了 Pokeman go

和 Dark Souls(注:都是风靡世界的游戏)重金打造了游戏情节,邀请了一线明星来担纲游戏里的打斗,对于受众来说特别有猎奇感,也收获了无数粉丝。然而,其游戏情节和感情戏都不算突出,且为了丰富世界观加入了很多逻辑难以理解的悬疑案件,导致男女受众对后面的情节慢慢冷淡下来:女性观众不爱看游戏的模拟对决,而她们爱看的感情戏没有被充分打造;男性观众不爱看感情戏,爱看的悬疑打斗没有足够展示。因此,不要为了开脑洞而开脑洞,还是要回到故事的本源精耕内容。

后记

创作对社会以及大众有意义的故事

　　创作故事的核心诉求是创造出有意义、吸引人、能对特定人群产生正面影响的作品。有些作品能让人莞尔一笑，有些作品能让人思虑深远，有些作品能流芳百世，有些作品能改变人生。没有哪种题材，哪种叙事，哪种调性优于其他，只要是能为受众带来价值的故事，都是好的故事。只要是受众关注的题材，都会对他们产生影响。

　　能产生较大影响力的作品，必然是对大多数人有意义的作品。其作品的意义，未必是人人都能理解的，因此出现了有些受众爱一种类型却厌倦另一种的情况。站在创作者的角度，要尽量去了解市场受众的需求，而不要戴着有色眼镜凭一己好恶来取舍，要多学习成功的经验。创作的时候要有具体的目标，要了解自己的优缺点，尽量选择擅长的部分去发挥，这样才能够做到极致。每年的爆款故事，都是因为在某些领域做到了极致，从特定角度为观众提供了远超其他故事的体验，才能在关注度上一骑绝尘。

　　故事永不眠。即使人类历史上来来回回就是那么些桥段，每个故事却都是独一无二的,因为创作主题、情节、人设和亮点以及他们之间的组合有着无数种方式。比如说,对人性的挖掘,有数不清的角度和数不清的手法;对承载情节的世界观的构建也有无数个背景选择。在当前的市场环境中,永远可以选择去深挖现实的社会关系和人设,给受众带来更深的人生感悟,或者开着脑洞做创新,为大众带来一些探险的体验。这些都会丰富大众的文化生活并产生影响力,都值得创作者去追求。

《故事之光》作为故事系列的第一本书,由于篇幅有限,只能对故事的各种元素给出肤浅的解释和建议。笔者在之后的几本作品中,会详细探讨人设、架构、情节等元素,并分析更多成功的运作案例。

参考书目

[1] 罗伯特·麦基.故事材质·结构·风格和银幕剧作的原理[M].周铁东译.天津：天津人民出版社，2014年9月第1版.

[2] 悉德·菲尔德.电影剧本写作基础[M].钟大丰，鲍玉珩译.北京：北京联合出版公司，2016年11月第1版.

[3] 克里斯托弗·沃格勒.作家之旅[M].王翀译.北京：电子工业出版社，2011年9月第3版.

[4] 范冰，张溪梦.增长黑客实战[M].北京：电子工业出版社，2017年6月第1版.

[5] 克莱顿·克里斯坦森，泰迪·霍尔，凯伦·迪伦，戴维·S.邓肯.与运气竞争[M].靳婷婷译.北京：中信出版社，2018年5月第1版.